キラかわ★ガール

12歳《さい》までに知《し》っておきたい

女《おんな》の子《こ》の心《こころ》と体《からだ》ノート

Onnanoko no Kokoro to Karada Note

保健師《ほけんし》めぐみ＝監修《かんしゅう》

ナツメ社《しゃ》

めぐみ先生《せんせい》からメッセージ

はじめに

世界《せかい》にたったひとりしかいない大切《たいせつ》なあなたへ

あなたは自分《じぶん》の体《からだ》や心《こころ》のこと、恋《こい》や友《とも》だちのことで、「これってヘンかな?」「こう思《おも》うのっておかしくないかな?」と、なやむことはありますか?

12歳《さい》ぐらいは「思春期《ししゅんき》」といって、体《からだ》も心《こころ》もおとなへと大《おお》きく変化《へんか》し始《はじ》めていく時期《じき》です。

花《はな》にたとえるなら、花《はな》のつぼみがふくらんでいくような時期《じき》。胸《むね》がふくらんだり生理《せいり》が始《はじ》まったりと体《からだ》の変化《へんか》があるだけではなく、気《き》になる人《ひと》ができたり、「自分《じぶん》がどう思《おも》われているか気《き》になる……」「家族《かぞく》にイライラしちゃう!」「いろいろ不安《ふあん》……」という気持《きも》ちになるのも、心《こころ》が成長《せいちょう》し始《はじ》めているサインです。

思春期《ししゅんき》は体《からだ》や心《こころ》の変化《へんか》が大《おお》きいので、あなただけではなく、みんながいろんなことでなやむ時期《じき》。

いろんなことでなやむのも、おとなへと成長《せいちょう》するための通《とお》り道《みち》なのでおかしいことではないですよ。

なやんでもいいし、迷《まよ》ってもいいのです。

その経験《けいけん》があなたをステキなおとなへと成長《せいちょう》させてくれます。

花《はな》のつぼみが、雨《あめ》に打《う》たれたり、強《つよ》い風《かぜ》に吹《ふ》かれたりしながらもきれいに咲《さ》いていくのと同《おな》じです。

この本《ほん》では、あなたがなやんだときに、
「コレっておかしいことじゃないんだ」「こういうときは、こうすればいいのね」
と、少《すこ》しでも安心《あんしん》できるように、おとなへと成長《せいちょう》するのに
体《からだ》や心《こころ》にどんな変化《へんか》があるのか、
女《おんな》の子《こ》からの相談《そうだん》が多《おお》い生理《せいり》や胸《むね》のなやみ、恋《こい》や友《とも》だちづきあい
などについて書《か》きました。

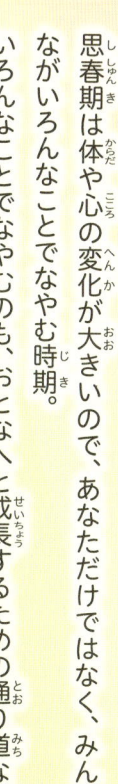

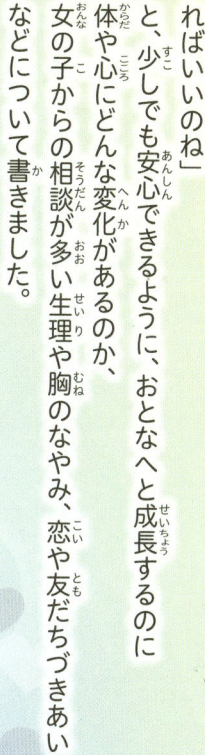

体《からだ》や心《こころ》が変化《へんか》する時期《じき》は、ひとりひとり顔《かお》がちがうように、「みんないっしょに変化《へんか》する」のではなく、「人《ひと》それぞれ変化《へんか》する時期《じき》がちがう」ものです。

たとえば、生理《せいり》がくるのが小学生《しょうがくせい》の子《こ》もいれば、中学《ちゅうがく》3年生《ねんせい》になってからの子《こ》もいます。

あなたの体《からだ》は、あなたのペースで、がんばって成長《せいちょう》しているところです。

この本《ほん》を読《よ》んで、ほかの女《おんな》の子《こ》とくらべるのではなく、「わたしは成長《せいちょう》しているところなんだな〜」と、あなたの体《からだ》と心《こころ》ががんばっていることも知《し》ってあげてほしいです。

あなたがなやんだときには、この本《ほん》を読《よ》み直《なお》したり、おうちの人《ひと》などと本《ほん》を見《み》ながら話《はなし》をしてみてください。

「世界《せかい》でたったひとりしかいない大切《たいせつ》なあなた」が、きれいな花《はな》のようにステキなおとなへと成長《せいちょう》していけるように応《おう》援《えん》しています！

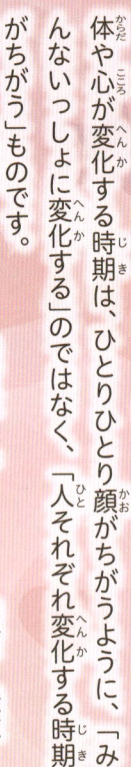

まんが登場人物《とうじょうじんぶつ》しょうかい

陽菜《ひな》

12歳《さい》。小学校《しょうがっこう》6年生《ねんせい》。ココロもカラダもいろいろなやみがあるけど、スナオで明《あか》るい女《おんな》の子《こ》。バレエを習《なら》っている。算数《さんすう》が苦手《にがて》で、体《たい》育《いく》が得意《とくい》。最近《さいきん》、急《きゅう》に成長《せいちょう》したみたい!?

美優《みゆう》ちゃん

陽菜《ひな》の仲《なか》のいい友《とも》だち。背《せ》が高《たか》く、明《あか》るく陽気《ようき》で、ちょっとおませさん。思《おも》いやりがあり、陽菜《ひな》のことを考《かんが》えてくれている。

健人《けんと》くん

陽菜《ひな》が気《き》になる、クラスメートの男《おとこ》の子《こ》。サッカーとお笑《わら》いとまんがが好《す》きで、算数《さんすう》が得意《とくい》。やさしくて、正義感《せいぎかん》が強《つよ》いけど、照《て》れ屋《や》さんの一面《いちめん》も。

ママ・パパ

きびしいけど、陽菜《ひな》たちのことを思《おも》ってくれている。

真菜姉《まなねえ》

15歳《さい》。中学《ちゅうがく》3年生《ねんせい》。陽菜《ひな》の姉《あね》。おとなっぽく、カレシがいそう。陽菜《ひな》とよくケンカするけど、実《じつ》はやさしい。

早紀《さき》ちゃん

20歳《さい》。陽菜《ひな》のいとこの大学生《だいがくせい》で、陽菜《ひな》の家《いえ》に住《す》んでいる。看護師《かんごし》をめざし、カラダとココロのことをよく知《し》っていて、陽菜《ひな》たちに教《おし》えてくれる、たのもしい人《ひと》。

思《し》春《しゅん》期《き》って!?

チュン チュン
ママーっ ちょっとー
バタバタ
これ着《き》れないー
あらー たけも短《みじか》いし 胸《むね》もきつそうね
パツ
パツ
陽菜《ひな》 太《ふと》った?
太《ふと》ってないよ!
プンプン
もういいっ! 真菜姉《まなねえ》のバカ

陽菜《ひな》ちゃん 思春期《ししゅんき》だからね
シシュンキ？
そう 思春期《ししゅんき》 ココロもカラダも 子《こ》どもからおとなに なっていく 時期《じき》のことだよ
えー おとなに？
カラダでいうと 胸《むね》が大《おお》きくなったり 背《せ》がのびたり
わきやおまたに 毛《け》がはえたり 生理《せいり》になったりね

ココロも
イライラしたり
反抗的《はんこうてき》になったり
好《す》きな人《ひと》が
できたり
小学生《しょうがくせい》のくせに
ナマイキー！
うるさいなあ
真菜《まな》ちゃんも
まだ思春期《ししゅんき》だよ
15歳《さい》でしょ

なんだかちょっとはずかしいな
はずかしくないよ成長《せいちょう》してるってことだもん
早紀《さき》ちゃんも思春期《ししゅんき》なの？
？
女《おんな》の子《こ》の場合《ばあい》は小学校中学年《しょうがっこうちゅうがくねん》から大体《だいたい》18歳《さい》くらいかな
わたしは20歳《はたち》だから思春期《ししゅんき》じゃないけど
ココロはまだ成長《せいちょう》しなくちゃいけないの

じゃあ　わたしも もう少《すこ》ししたら 真菜姉《まなねえ》や　早紀《さき》ちゃん みたいに
ズイッ
おとなっぽく なれる？
そうだね でも成長《せいちょう》は本当《ほんとう》に 人《ひと》それぞれなの 早《はや》い人《ひと》もおそい人《ひと》も いるけどその人《ひと》なりの ペースでいいんだよ
そうなんだ…
陽菜《ひな》なんて まだまだ子《こ》ども だけどね！
もーっ!!

でも　その
T《ティー》シャツがきつくなったみたいに
陽菜《ひな》ちゃんも少《すこ》しずつ変《か》わってきてるんだよ
おとなになろうとしてるんだよ
おとなかあ…
ちょっとこわい気《き》もするけど
楽《たの》しみな気《き》もするな！
ウフフ
ほら　いいかげんT《ティー》シャツ着《き》がえてしたくしなさい！
はーーい!!

思《し》春《しゅん》期《き》には こんなことが起《お》こるよ

子《こ》どもからおとなになる時期《じき》の、8 歳《さい》くらいから 18 歳《さい》くらいまでを「思春《ししゅん》期《き》」というよ。この時期《じき》は、カラダもココロも、おとなになるためにどんどん変《か》わっていくの。これは、成長《せいちょう》のためだから心配《しんぱい》しないでね。

ココロの変化《へんか》

好《す》きな人《ひと》ができた

異性《いせい》（男《おとこ》の子《こ》）への興味《きょうみ》が強《つよ》くなり、好《す》きな人《ひと》ができることもあるよ。初《はじ》めて恋《こい》をすることも！　好《す》きな人《ひと》のことを考《かんが》えてドキドキしたり、うれしくなったり、悲《かな》しくなったり。気持《きも》ちがゆれ動《うご》くとき。

親《おや》とケンカしちゃった

おとなになりたいという気持《きも》ちから、なんでも自分《じぶん》で決《き》めたくなったり、親《おや》の言《い》うことに反抗《はんこう》したり。これは、ひな鳥《どり》が巣立《すだ》っていくのといっしょ。自立心《じりつしん》からだよ。でも親《おや》の意見《いけん》も聞《き》いてね。

なんだかイライラする

カラダもココロも変《か》わっていくときには、ストレスを感《かん》じやすく、理由《りゆう》もないのに気持《きも》ちがコントロールできないこともありそう。イライラしたり、ナミダが出《で》たり、不安《ふあん》になったりするときもあるの。

カラダの変化《へんか》

急《きゅう》に背《せ》がのびた

とつぜん背《せ》がのびて、体《からだ》が変《へん》化《か》についていけず、痛《いた》くなったりすることもあるくらい。ただ個人差《こじんさ》があって、10歳《さい》くらいで急《きゅう》にのびて、その後《ご》はストップしてしまう人《ひと》や、18歳《さい》で急《きゅう》にのびる人《ひと》もいるよ。

胸《むね》が大《おお》きくなる

「女性《じょせい》ホルモン」が出《で》ることで、女《おんな》らしい体《からだ》つきに。将《しょう》来《らい》、赤《あか》ちゃんにおっぱいをあげる準備《じゅんび》のため、胸《むね》が大《おお》きくなって、ブラジャーをつける人《ひと》も。胸《むね》やおしりが大《おお》きくなり、体全体《からだぜんたい》が丸《まる》っぽくなるよ。

ニキビができる

思春期《ししゅんき》は新陳代謝《しんちんたいしゃ》がさかんになる時期《じき》。体《からだ》の古《ふる》いものが新《あたら》しいものへと入《い》れ替《か》わるんだよ。体《からだ》の中《なか》は、大《だい》いそがし！だからニキビや肌《はだ》あれなどのトラブルが起《お》こることも。ケアをしていこうね。

生理《せいり》になる

いちばんの変化《へんか》はこれ。将来《しょうらい》、赤《あか》ちゃんを産《う》めるようになるための準備《じゅんび》だよ。10歳《さい》くらいから15歳《さい》くらいまでの間《あいだ》に、初《はじ》めての生理《せいり》（初潮《しょちょう》）をむかえることが多《おお》いよ。体《からだ》のしくみを知《し》っておこうね。

12歳《さい》までに知《し》っておきたい
女《おんな》の子《こ》の心《こころ》と体《からだ》ノート

もくじ

パート3 異性《いせい》が気《き》になる！ これって恋《こい》？ 101

保護者の方へ

この本をご購入いただいた女の子は、みんな思春期にさしかかって、なやんでいる年齢でしょう。

思春期とは、日本産婦人科学会によれば「性機能の発育（乳房発育・恥毛発育など）に始まり、初経を経て第二次性徴の完成と月経周期がほぼ順調になるまでの期間で、現在の日本人の場合、平均的には 8・9 歳から 17・18 歳の間とする」とされています。さらに、初経（初潮）を迎える年齢は、10～15 歳がもっとも多いとされており、まさにお子さんは思春期まっただ中といえるでしょう。

この年齢のお子さんと保護者の方は、「性に関係する話なんて恥ずかしくてできない」というご家庭がほとんどだと思います。現在はインターネットやテレビなどで、性に関する情報があふれており、改めて家族で話す必要はないとお考えの方もいらっしゃるかもしれません。しかし、ネットやテレビにはまちがった情報もあります。

とくに思春期の女の子と家族には正しい知識を得てほしい、なやみがあったらまず家族に話してほしいという考えで、この本をつくりました。

思春期の女の子の心と体をサポートし、不安をとりのぞく助けになればと思います。

保護者の方も、お子さんの心と体を守るため、この本で情報を共有していただければ幸いです。

なお、「初経・初潮」「月経」は、ふだんの口語に沿って、すべて「生理」という表現にしていることをご了承ください。

パート 1

生理《せいり》ってなあに？

生理《せいり》は、女《おんな》の子《こ》のしるし。
ちっともこわくないよ。もう始《はじ》まっている子《こ》も、
まだの子《こ》も、生理《せいり》のことをよく知《し》っておこうね！

えっ 友《とも》だちがなっちゃった!

えっ!! 生理《せいり》!
あ 美優《みゆう》ちゃんも なったんだぁ
わたしも 2カ月《げつ》くらい 前《まえ》になったよ
わたしも…
そうなんだー
…
え みんな なってるの…!?
っていうか 生理《せいり》って… よくわからないんだけど!?

ジャー
やっぱりおなか痛《いた》いかも
うう…
保健室《ほけんしつ》行《い》く？
ううん だいじょうぶ 陽菜《ひな》も きっと そのうちなるよー
えー！ やだー 痛《いた》いんでしょー はずかしいし
はずかしくないよ 前《まえ》に保健《ほけん》の先生《せんせい》が 話《はなし》をしてくれた じゃなーい
ちゃんと 聞いて ませんでした

ただいまー
おかえり　どうしたの　元気《げんき》ないね
美優《みゆう》ちゃんが　生理《せいり》になったんだって　わたしも　なるのかなあ
やだなー
うん　いつかは　生理《せいり》になるよ
でもね　生理《せいり》って　とっても大切《たいせつ》なんだよ
痛《いた》いときもあるかも　しれないけど　はずかしいことじゃないよ
生理《せいり》がくるのは　おとなになっていく　第一段階《だいいちだんかい》なの　陽菜《ひな》ちゃんのカラダが　元気《げんき》な証拠《しょうこ》でもあるよ
そうなの!?
生理《せいり》ってね　カラダが赤《あか》ちゃんを　産《う》むことが　できるようになる　準備《じゅんび》を始《はじ》めた　サインなの
大切《たいせつ》な自分《じぶん》の　カラダと生理《せいり》のこと　よく知《し》っておこうね！

生理《せいり》ってなあに？

思春期《ししゅんき》をむかえた女《おんな》の子《こ》が経験《けいけん》するカラダの変化《へんか》のひとつに「生理《せいり》」があるよ。「生理《せいり》」について知《し》って、準備《じゅんび》をしておこう。

「生理《せいり》」は赤《あか》ちゃんを産《う》む準備《じゅんび》ができたサイン

女性《じょせい》の体《からだ》がおとなへと成長《せいちょう》していくと生理《せいり》が始《はじ》まります。生理《せいり》とは、赤《あか》ちゃんを妊娠《にんしん》して産《う》めるようになる準備《じゅんび》ができているサイン。おなかの下《した》のほうにある子宮《しきゅう》の中《なか》で、子宮内膜《しきゅうないまく》というものがはがれて、血液《けつえき》といっしょに体《からだ》の外《そと》に出《で》てきます。なので、下着《したぎ》に血《ち》がついているのを見《み》て、生理《せいり》がきたと気《き》づくことになるはず。**初《はじ》めて生理《せいり》がくることを「初《しょ》経《けい》」や「初潮《しょちょう》」といいます。**いきなり生理《せいり》が始《はじ》まったら、どうしたらいいかわからなくなっちゃいそうですよね。まだきていない人《ひと》は、今《いま》から生理《せいり》のことを知《し》っておけば、安心《あんしん》して生理《せいり》をむかえられますよ。

生理《せいり》が始《はじ》まる時期《じき》は、人《ひと》によってバラバラ。はやい人《ひと》では8、9歳《さい》ごろに、ゆっくりな人《ひと》では16歳《さい》の終《お》わりごろにスタート。まわりの友《とも》だちは生理《せいり》になっているのに、自分《じぶん》だけがまだなっていないとあせる必要《ひつよう》はありません。あなたの体《からだ》の成長《せいちょう》のタイミングに合《あ》わせて生理《せいり》は始《はじ》まるもの。生理《せいり》のしくみなどを勉強《べんきょう》して、心《こころ》の準備《じゅんび》をしながら待《ま》ちましょう。

生《せい》理《り》が始《はじ》まるしくみ

❶ 脳《のう》が「卵子《らんし》を育《そだ》てて」と命令《めいれい》

脳《のう》からおなかの下《した》のほうにある卵巣《らんそう》にむかって、「赤《あか》ちゃんの“もと”になる卵子《らんし》を育《そだ》ててね」と指令《しれい》が出ると、卵子《らんし》が育《そだ》っていくよ。

❷ 赤《あか》ちゃんを育《そだ》てる準備《じゅんび》が進《すす》む

卵子《らんし》が育《そだ》つのに合《あ》わせて、子宮《しきゅう》では、子宮《しきゅう》内膜《ないまく》がぶあつくなって赤《あか》ちゃんを育《そだ》てる準《じゅん》備《び》をするよ。卵子《らんし》が男性《だんせい》の精子《せいし》と出会《であ》わず、妊娠《にんしん》しないと子宮内膜《しきゅうないまく》がはがれて血《ち》といっしょに外《そと》に出《で》るよ。

女《おんな》の子《こ》の体《からだ》の内側《うちがわ》

女《おんな》の子《こ》の体《からだ》の内側《うちがわ》、おなかの下《した》のほうには、赤《あか》ちゃんを産《う》むために欠《か》かせない働《はたら》きをする場所《ばしょ》がかくれているよ。名前《なまえ》や働《はたら》きを知《し》っておくと、生理《せいり》のことがもっとわかりやすくなるよ。

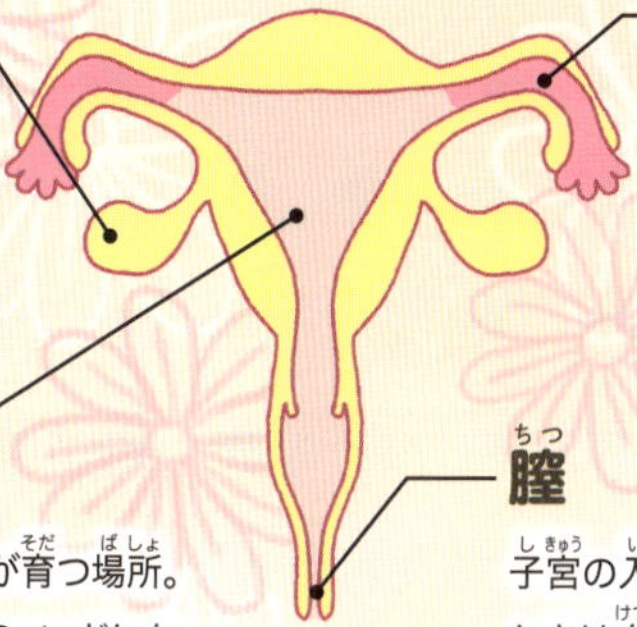

卵巣《らんそう》

左右《さゆう》にひとつずつある。卵子《らんし》が卵胞《らんぽう》の中《なか》で待機《たいき》する場所《ばしょ》。元気《げんき》に育《そだ》って、子宮《しきゅう》に向《む》かって飛《と》び出《だ》すことを「排卵《はいらん》」というよ。

卵管《らんかん》

左右《さゆう》にひとつずつある。卵巣《らんそう》から飛《と》び出《だ》した卵子《らんし》が、子宮《しきゅう》に行《い》くまでに通《とお》る場所《ばしょ》。男性《だんせい》の精子《せいし》と出会《であ》う場所《ばしょ》でもある。

子宮《しきゅう》

妊娠《にんしん》したときに、赤《あか》ちゃんが育《そだ》つ場所《ばしょ》。排卵《はいらん》に合《あ》わせて、赤《あか》ちゃんのベッドになる子宮内膜《しきゅうないまく》がぶあつくなる。

膣《ちつ》

子宮《しきゅう》の入《い》り口《ぐち》になる場所《ばしょ》。生理《せいり》のときは血液《けつえき》が出《で》るよ。出産《しゅっさん》のときは赤《あか》ちゃんの通《とお》り道《みち》に。

生《せい》理《り》のサイクルを知《し》っておこう!

生理《せいり》が始《はじ》まる2週間《しゅうかん》くらい前《まえ》

卵胞《らんほう》の中《なか》で卵子《らんし》がすくすく成長《せいちょう》

←

排卵《はいらん》!!

卵子《らんし》が子宮《しきゅう》に向《む》かって飛《と》び出《だ》す!!

←

子宮《しきゅう》が赤《あか》ちゃんのベッドを準備《じゅんび》

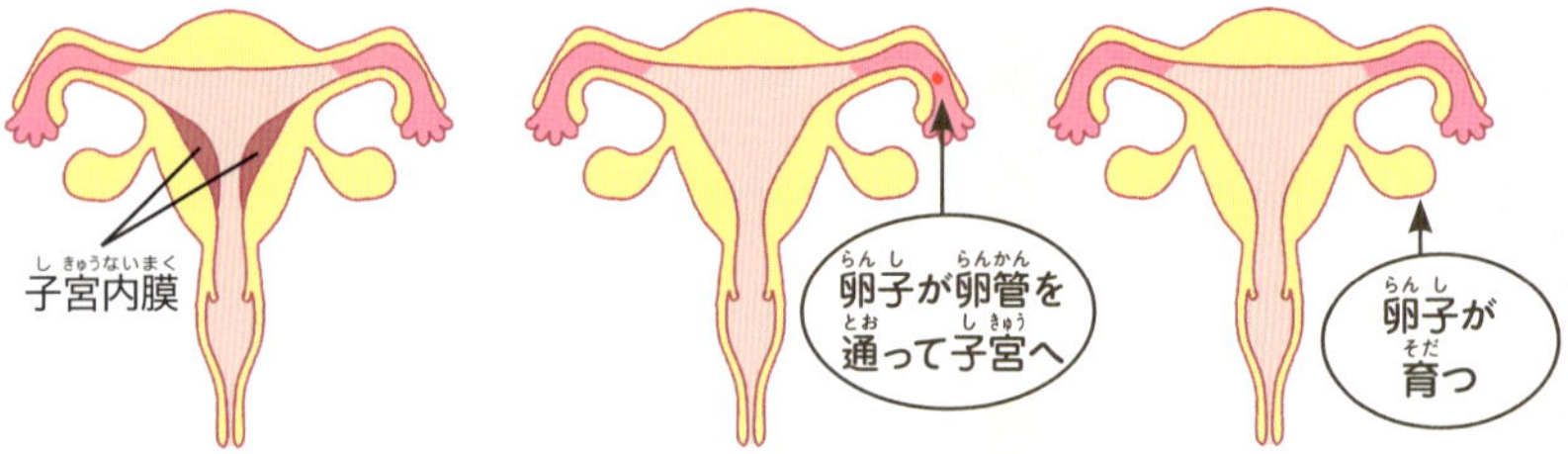

脳《のう》から指令《しれい》が出《で》ると、卵巣《らんそう》の中《なか》で、卵胞《らんほう》という卵子《らんし》を包《つつ》むカラが成長《せいちょう》。卵胞《らんほう》の中《なか》では卵子《らんし》が育《そだ》つよ。

元気《げんき》に育《そだ》った卵子《らんし》が卵胞《らんほう》をやぶって出《で》てくるよ。卵巣《らんそう》から飛《と》び出《だ》して卵管《らんかん》へ。卵管《らんかん》で男性《だんせい》の精子《せいし》を待《ま》つことに。

女性《じょせい》ホルモンが働《はたら》き、赤《あか》ちゃんのベッドになる子宮内膜《しきゅうないまく》がぶあつくなり、赤《あか》ちゃんを育《そだ》てる準備《じゅんび》を開始《かいし》。

卵子《らんし》が精子《せいし》と出会《であ》ったら

卵管《らんかん》で卵子《らんし》と精子《せいし》が出会《であ》うと、合体《がったい》して受精卵《じゅせいらん》に。子宮《しきゅう》に移動《いどう》した受精卵《じゅせいらん》が子宮内膜《しきゅうないまく》にもぐりこむことに成功《せいこう》すると、妊娠《にんしん》したことになるの（くわしくはP.137を見《み》てね）。

ひとつのサイクル＝生理《せいり》の周期《しゅうき》は人《ひと》それぞれ

生理《せいり》がくるサイクルのことを「生理《せいり》の周期《しゅうき》」というよ。生理《せいり》が始《はじ》まった最初《さいしょ》の日《ひ》を「1日目《にちめ》」を数《かぞ》えて、次《つぎ》の生理《せいり》がくる前日《ぜんじつ》までの日数《にっすう》がひとつの「生理《せいり》の周期《しゅうき》」に。生理《せいり》の周期《しゅうき》は人《ひと》によってちがっていて、25日《にち》から38日《にち》くらいがふつう。

「生理《せいり》」になって体《からだ》の外《そと》に血《ち》が出《で》るまでに、体《からだ》の中《なか》ではいろいろな変化《へんか》が。
これを知《し》っておくことで、生理《せいり》とうまくつきあえるよ。

生理《せいり》1～2週間前《しゅうかんまえ》

体《からだ》の調子《ちょうし》がくずれやすくなる時期《じき》

女性《じょせい》ホルモンのバランスがくずれやすく、体《からだ》の調子《ちょうし》がいつもとちがうことも。寝《ね》こむほどつらいときは産婦人《さんふじん》科《か》・婦人科《ふじんか》に相談《そうだん》を。

生理《せいり》2～3日前《かまえ》

いつもよりおりものが増《ふ》えてくる

おりもの（→ P.43）が増《ふ》える時期《じき》。ちょっとネバネバしていて、下着《したぎ》につくと黄《き》色《いろ》っぽくなることも。少《すこ》しだけ血《ち》が出《で》ることもあるよ。

起《お》こりがちな不調《ふちょう》

- イライラしたり、落《お》ちこんだりしやすくなる
- 便秘《べんぴ》、頭痛《ずつう》、腹痛《ふくつう》が起《お》こったりする
- ニキビができやすい
- だるくなったり、ねむくなったりしやすくなる
- たくさん食《た》べたくなる

生理開始《せいりかいし》!!

ふかふかになった子宮内膜《しきゅうないまく》が外《そと》へ

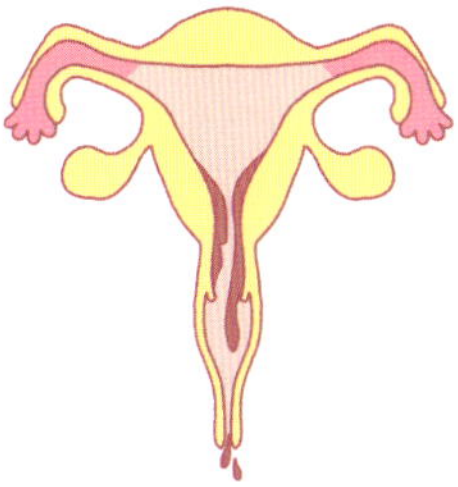

妊娠《にんしん》しなかったときは、ふかふかになっていた子宮内《しきゅうない》膜《まく》がはがれて、血《ち》といっしょに膣《ちつ》を通《とお》って外《そと》に。これが生理《せいり》だよ。

生理《せいり》のサイクルは1カ月《げつ》に1回《かい》じゃなくてもだいじょうぶ！

生理《せいり》のサイクルは、おとなになるとだいたい1カ月《げつ》に1回《かい》に。でも、初潮《しょちょう》から3年《ねん》くらいは、排卵《はいらん》がうまく起《お》きないこともあって、生理周期《せいりしゅうき》が決《き》まっていないことも。1カ月《げつ》に1回《かい》きたり、2～3カ月《げつ》に1回《かい》になったり、サイクルがバラバラなのも、よくあることなの。

基礎体温《きそたいおん》で生理《せいり》のサイクルがわかる!?

生理《せいり》のサイクルが安定《あんてい》するまでは、いつ次《つぎ》の生理《せいり》がくるのかわからないもの。でも、体温《たいおん》をはかると、目安《めやす》がわかることが。

排卵《はいらん》しているかどうかが体温《たいおん》をはかるとわかる

朝《あさ》、ふとんやベッドから起《お》き上《あ》がる前《まえ》に、体《からだ》を動《うご》かさずにはかる体温《たいおん》を**基礎体温《きそたいおん》**といいます。基礎体温《きそたいおん》をはかると、わかることがふたつあります。ひとつは、**排卵《はいらん》をしているかどうかチェックできる**こと。もうひとつは、**次《つぎ》の生理《せいり》がいつきそうなのかチェック**できるんです。

小学生《しょうがくせい》のうちは基礎体温《きそたいおん》をはからなくてもいいですが、**「生理《せいり》の周期《しゅうき》がバラバラで、排卵《はいらん》してるのか気《き》になる」**「次《つぎ》の生《せい》理《り》がいつくるか知《し》りたい」というときは、1カ月《げつ》以上《いじょう》基礎体温《きそたいおん》をはかって、記録《きろく》してみると◎。

基礎体温《きそたいおん》をはかるときは、ふつうの体温計《たいおんけい》ではなく、目《め》もりが細《こま》かい、専用《せんよう》の体温計《たいおんけい》を使《つか》います。本体《ほんたい》に体温《たいおん》の記録《きろく》ができるタイプも。「婦人体温計《ふじんたいおんけい》」という名前《なまえ》でドラッグストアなどで売《う》っているので、おうちの人《ひと》やおとなに聞《き》いてみてください。

理想の基礎体温

生理開始日
生理期間は平均3〜7日

排卵日
体温が下がる

次の生理開始日

0.3℃以上高い状態が10日以上続く

（体温）

低温期
約14日

高温期
約14日

1日目　14日目　28日目
（おおよその日にち）

生理がくる2週間くらい前、排卵が起きると、そのあとから体温がいつもより0.3℃以上高くなるよ。基礎体温が高くなる時期を「高温期」といって、「高温期」が10日以上続くようなら、排卵が起きているだろうとチェックできる。その後、生理がくるとまた体温が下がるの。妊娠をしている場合は、生理がこないまま、高温期が続くんだよ。
表に書き入れたり、スマホやパソコンの基礎体温と生理日を記録する無料アプリを使ったりしても便利だよ。

生理《せいり》のために用意《ようい》しておくもの

生理《せいり》のことを知《し》ったら、生理《せいり》のとき身《み》につけるものを用意《ようい》しておくと安心《あんしん》だよ。生理《せいり》の日《ひ》を気持《きも》ちよくすごすため、自分《じぶん》に合《あ》ったものをさがしておこうね。

サニタリーショーツ（生理用《せいりよう》ショーツ）

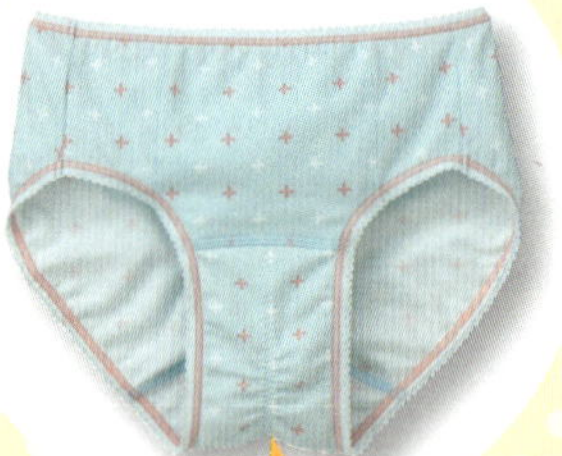

サニタリーショーツはまたの部分《ぶぶん》が防水《ぼうすい》になっていたり、汚《よご》れが落《お》ちやすい素材《そざい》だったりと、生理中《せいりちゅう》に安心《あんしん》なくふうがいっぱい。スーパーやショッピングモールの下着《したぎ》コーナーなどで買《か》えるので、おうちの人《ひと》や相談《そうだん》しやすいおとなの女《じょ》性《せい》に聞《き》いて、2～3枚《まい》買っておこう。

ここが防水《ぼうすい》で安心《あんしん》！

また部分《ぶぶん》が防水《ぼうすい》に。もしショーツに血《ち》がついても、ズボンやスカートまでもれる心配《しんぱい》がないよ。生理用《せいりよう》ナプキンの羽《はね》をかくせるようになっているものも。

生理用《せいりよう》ナプキン

生理《せいり》のときに出《で》てくる血液《けつえき》を受《う》けとめてくれるのが生理用《せいりよう》ナプキン。スーパーやドラッグストア、コンビニなどで売《う》っているので、おうちの人《ひと》や親《しん》せきなどまわりの女性《じょせい》、保健室《ほけんしつ》の先生《せんせい》に相談《そうだん》して買《か》っておいて。いろいろな種類《しゅるい》があるけど、量《りょう》が少《すく》ないうちは「ふつうの日用《ひよう》」がおすすめ。ナプキンには羽《はね》つきと羽《はね》なしがあるよ。

つけ方《かた》を練習《れんしゅう》しておこう！

羽《はね》つきのナプキンは、初《はじ》めのうちつけ方《かた》にとまどうかも。ナプキンを買《か》ったら、ショーツにつけておまたにあてる練習《れんしゅう》をしておいて。

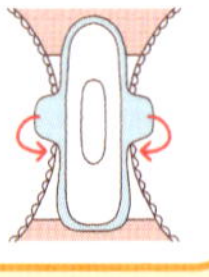

商品協力（布ナプキンはのぞく）：株式会社ワコール、ユニ・チャーム株式会社
※掲載商品は時期によりデザインや仕様が異なったり、お取り扱いのない場合もあります。

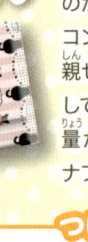

生理用《せいりよう》ナプキンの種類《しゅるい》

血液《けつえき》の量《りょう》や、どんなときに使《つか》うかによって、大《おお》きさや長《なが》さ、厚《あつ》さのちがうナプキンが。素材《そざい》や肌《はだ》ざわりも商品《しょうひん》によって少《すこ》しずつちがうよ。

夜用《よるよう》

夜《よる》ねている間《あいだ》は、おしりのほうから血《ち》がパジャマやふとんにもれてしまうことも。おしりのほうが広《ひろ》がっている長《なが》くて大《おお》きいタイプに。

多《おお》い日用《ひよう》

血液《けつえき》の量《りょう》が多《おお》いときは、血液《けつえき》がもれやすいので、たっぷり長《なが》い多《おお》い日用《ひよう》に。映画《えいが》を見《み》るなど長《なが》い時間《じかん》トイレに行《い》けないときにもおすすめ。

ふつうの日用《ひよう》

生理《せいり》の血液《けつえき》の量《りょう》が多《おお》くないときはこのタイプでOK《オーケー》。羽《はね》つきだと動《うご》いてもナプキンがずれにくいので、体育《たいいく》の授業《じゅぎょう》などスポーツをやるときも安心《あんしん》だよ。

※「ふつうの日用《ひよう》」「多《おお》い日用《ひよう》」などは、選《えら》ぶ目安《めやす》です。
その日《ひ》の血液《けつえき》の量《りょう》に合《あ》わせて、自分《じぶん》に合《あ》ったナプキンを選《えら》んでね。
※ 生理用《せいりよう》ナプキンは医薬部外品《いやくぶがいひん》です。

その他《た》の生理用品《せいりようひん》

体《からだ》に入《い》れて吸収《きゅうしゅう》する タンポン

直接膣《ちょくせつちつ》の部分《ぶぶん》に入《い》れて、血液《けつえき》をすいとるのがタンポン。ナプキンのようにずれる心配《しんぱい》がないよ。プールで泳《およ》ぎたいときや旅行《りょこう》・アウトドアに。

生理以外《せいりいがい》の時《とき》に

おりもの用《よう》の パンティライナー

生理以外《せいりいがい》のとき、おりもの（→ P.43）がショーツについて気《き》になるならパンティライナーを使《つか》ってみて。香《かお》りつきのものも。

エコな布《ぬの》ナプキン

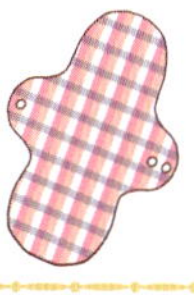

布《ぬの》だけでできたナプキンもあるよ。おうちで洗《あら》ってくりかえし使《つか》えるので、ゴミの量《りょう》が減《へ》って、環境《かんきょう》にもやさしいよ。

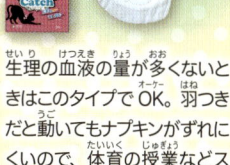

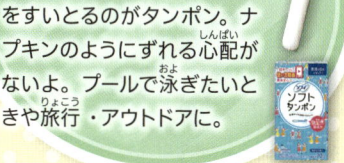

ナプキンの持《も》ち運《はこ》び方《かた》＆捨《す》て方《かた》

学校《がっこう》に行《い》くときや出《で》かけるときのナプキンの持《も》っていき方《かた》、そして使《つか》い終《お》わったナプキンの捨《す》て方《かた》もおぼえておこう。

家《いえ》の外《そと》にナプキンを持《も》っていくときは？

家《いえ》の外《そと》に生理用《せいりよう》ナプキンを持《も》っていくときは、ナプキンがそのまま見《み》えないように**小《ちい》さめのポーチやきんちゃく袋《ぶくろ》**に入《い》れておくと便利《べんり》です。あらかじめその日《ひ》使《つか》うぶんのナプキン5〜6枚《まい》を入《い》れておくようにします。

学校《がっこう》で友《とも》だちから「何《なに》持《も》ってるの？」と聞《き》かれるのがはずかしいときは、トイレに行《い》くときに、ポーチやきんちゃくからナプキンを1枚《まい》を取《と》り出《だ》し、スカートやズボンのポケットに入《い》れたり、ハンカチにくるんだり、**ポケットつきのティッシュケース**に入《い》れるようにするといいですよ。

サニタリーショーツだとナプキンを入《い》れるポケットつきのものがあるので、家《いえ》を出《で》る前《まえ》にショーツのポケットにそっと入《い》れておくのも安心《あんしん》ですね。

使《つか》ったナプキンを捨《す》てるときは？

トイレでナプキンを捨《す》てようとしたとき、だれかが使《つか》い終《お》わったナプキンが広《ひろ》げて捨《す》ててあって、血《ち》が見《み》えてしまったら、いい気分《きぶん》はしないですよね。使《つか》い終《お》わったナプキンを捨《す》てるときには、**次《つぎ》にトイレを使《つか》う人《ひと》や、そうじをする人《ひと》にイヤな思《おも》いをさせない**ためのマナーがあります。

血《ち》がついた面《めん》が見《み》えないように折《お》りたたんで、トイレットペーパーなどで包《つつ》んでから、使《し》用《よう》ずみのナプキンを入《い》れるためのゴミ箱《ばこ》に捨《す》てましょう。

ナプキンの捨《す》て方《かた》

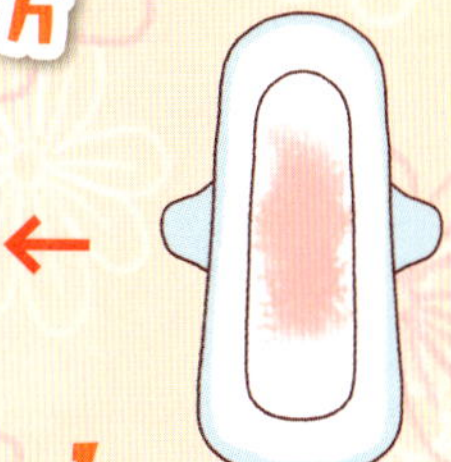

1
ショーツからナプキンをはがしたら、血《ち》がついた面《めん》を内側《うちがわ》にして、折《お》りたたむかくるくると丸《まる》めて小《ちい》さくするよ。

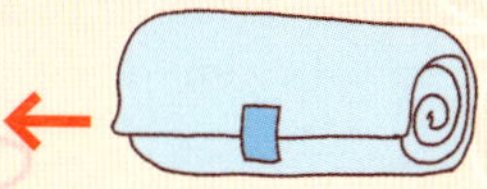

2
小《ちい》さくしたナプキンは、トイレットペーパーか新《あたら》しいナプキンを包《つつ》んであった包《つつ》み紙《がみ》にくるむよ。

3
サニタリーボックスに捨《す》てる。サニタリーボックスは女性用《じょせいよう》トイレの個室《こしつ》に置《お》いてある、生理用品《せいりようひん》のゴミを捨《す》てるための小《ちい》さなゴミ箱《ばこ》のこと。

もしサニタリーボックスがなかったら？

友《とも》だちの家《いえ》などで、サニタリーボックスがないときは、使《つか》い終《お》わったナプキンは持《も》ち帰《かえ》って。ポーチなどにポリ袋《ぶくろ》を入《い》れておくと安心《あんしん》。トイレに流《なが》すのは絶対《ぜったい》NG《エヌジー》！　トイレがつまってしまうよ。

ランドセルやバッグにいつも入《い》れておくと安心《あんしん》

初潮《しょちょう》のあとは、どんなタイミングで次《つぎ》の生理《せいり》がくるかわからないもの。いつ生理《せいり》がきても困《こま》らないように、ナプキンを入《い》れたポーチなどを、いつも持《も》ち歩《ある》くランドセルやバッグに入《い》れておいて。

生理《せいり》になっちゃった！

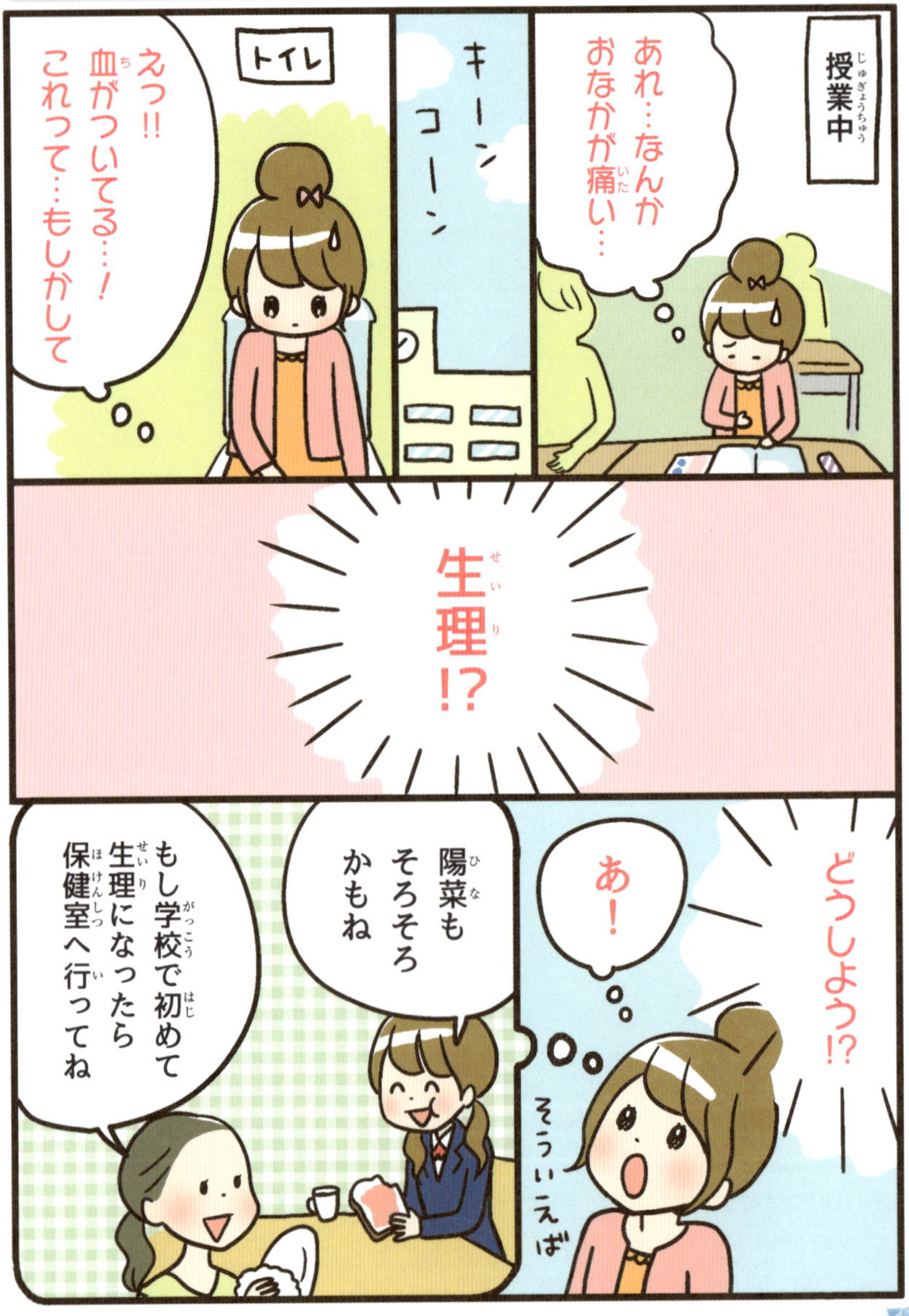

保健室《ほけんしつ》
あの…
カラカラ…
生理《せいり》になっちゃったみたいなんですけど…
あら！ 初《はじ》めて？ もしかして おめでとう！
あ やっぱりおめでたいことなんだぁ…！
じゃあナプキン持《も》ってないよね
はい
つけ方《かた》はわかる？
あ はい わかります あと おなかも痛《いた》いんですけど…
おなかを温《あたた》めてベッドでちょっと休《やす》む？ これからも なにかあったら保健室《ほけんしつ》にいらっしゃいね
あ…
温《あたた》めるとだいぶん楽《らく》だなー
これが生理《せいり》かぁ ちょっと大変《たいへん》そう…
湯たんぽ

ただいまー
おかえりー
あのね…きょう 生理《せいり》になったみたい
えっ
おめでとう！
陽菜《ひな》もおとなの仲間入《なかまい》りね
あ 生理用《せいりよう》ショーツは持《も》っているわよね
おなかはだいじょうぶ？ムリしないでね
うん
みんな喜《よろこ》んでくれるしやっぱり生理《せいり》がくるってステキなことなんだな…

いただきまーす
お赤飯
あれ　お赤飯《せきはん》？なんかあったの？
陽菜《ひな》がおとなになったのよ
キャーパパに言《い》うのはなんかはずかしいよ!!
おっそうかおめでとう陽菜《ひな》
こくん
っていうかめでたくないけどね！めんどくさいだけだから！
イラ　イラ
が－－ん
そうなの…？

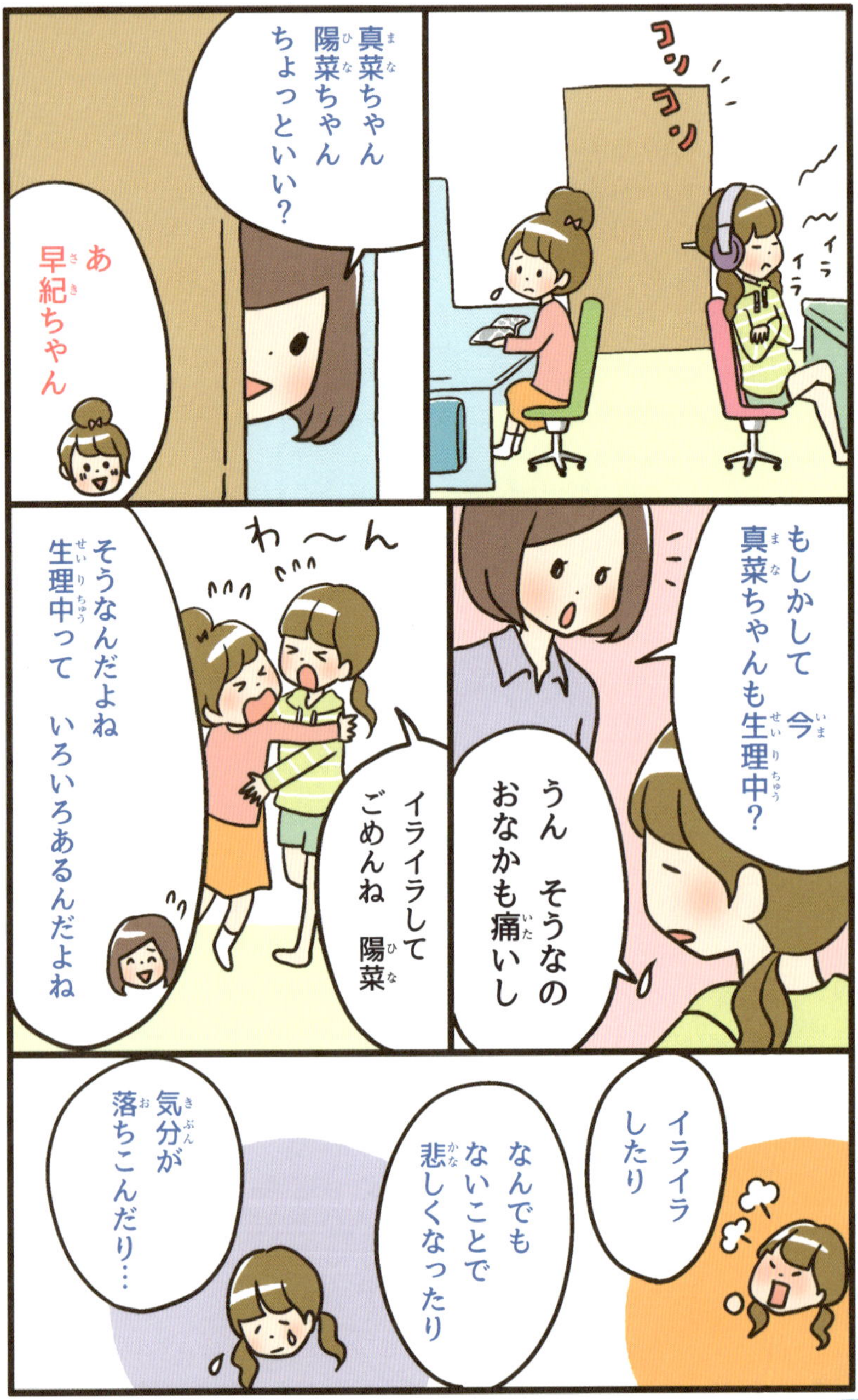
コンコン
イライラ
真菜《まな》ちゃん 陽菜《ひな》ちゃん ちょっといい？
あ 早紀《さき》ちゃん
もしかして 真菜《まな》ちゃんも今《いま》生理中《せいりちゅう》？
うん そうなの おなかも痛《いた》いし
イライラして ごめんね 陽菜《ひな》
わ～ん
そうなんだよね 生理中《せいりちゅう》って いろいろあるんだよね
イライラしたり
なんでもないことで悲《かな》しくなったり
気分《きぶん》が落《お》ちこんだり…

体《からだ》は　おなかや腰《こし》が痛《いた》くなったり
頭痛《ずつう》やげりになったり
ねむくなったり人《ひと》によっていろいろ！
昔《むかし》は　ブルーになっちゃうからって生理日《せいりび》をブルーデーといったりしていたんだよ
うんうん
わかる
生理中《せいりちゅう》は　エストロゲンっていう女性《じょせい》ホルモンが減《へ》ることで　気持《きも》ちを安定《あんてい》させるセロトニンっていうホルモンも減《へ》っちゃうのだから　気持《きも》ちが不安定《ふあんてい》になるんだよね
体《からだ》の不調《ふちょう》は　ひどいようなら薬《くすり》を飲《の》んだり　お医者《いしゃ》さんに行《い》ったりしていいと思《おも》うよ
フム
フム
できたら　ある程度《ていど》は軽《かる》く体操《たいそう》やストレッチして体《からだ》を温《あたた》めるといいよ冷《ひ》えないようにしてね
あ　保健室《ほけんしつ》で湯《ゆ》たんぽしたら気持《きも》ちよかったよ
へ～
女性《じょせい》にとって長《なが》いおつきあいになる大切《たいせつ》な生理《せいり》だから
いろいろ知《し》っておきたいね！
うん
うん

生理《せいり》のおなやみQ&A

生理《せいり》が始《はじ》まったばかりの女《おんな》の子《こ》には、困《こま》っちゃうこと、びっくりすることがいっぱい。よくありそうなおなやみに答《こた》えるよ！

Q 初《はじ》めて生理《せい》があってから何《なん》カ月《げつ》も生理《せいり》がこない……

A 3年《ねん》までは「生理《せいり》の練習《れんしゅう》」2、3カ月《げつ》に1回《かい》でもOK《オーケー》

初潮《しょちょう》がきてから3年《ねん》くらいまでは、「生理《せいり》の練習《れんしゅう》」みたいなもの。生理《せいり》が1カ月《げつ》に1回《かい》でなくても、2、3カ月《げつ》に1回《かい》きていればだいじょうぶです。とくに1年《ねん》くらいは次《つぎ》の生理《せいり》がなかなかこないのもよくあること。2回目《かいめ》の生理《せいり》が半年後《はんとしご》や1年後《ねんご》になることもあります。18歳《さい》までは体《からだ》が疲《つか》れていたり弱《よわ》っていたりすると、たまに3カ月《げつ》近《ちか》く生理《せいり》がこないことも。

今《いま》まで順調《じゅんちょう》にきていたのに3カ月《げつ》をすぎても生理《せいり》がこないときは、産婦人科《さんふじんか》・婦人科《ふじんか》に相談《そうだん》することを考《かんが》えてみてもいいでしょう。

[生理《せいり》カレンダー]を作《つく》ろう

			1 ねむい	2	3	4
5 おなかイタイ	6 ♥ 生理スタート	7	8	9	10	11 ♡ 生理おわり
12	13	14	15	16	17	18
19	20	21	22 * おりもの	23	24	25
26	27	28	29	30	31	

生理《せいり》が始《はじ》まった日《ひ》や体《からだ》の調子《ちょうし》をカレンダーに記録《きろく》しておくと、次《つぎ》の生理《せいり》に向《む》けてナプキンの準備《じゅんび》ができたり、おでかけする予定《よてい》を立《た》てやすくなります。手帳《てちょう》や自分《じぶん》の部屋《へや》のカレンダーに記録《きろく》してもいいですし、スマホのカレンダーや生理管《せいりかん》理用《りよう》のアプリを使《つか》ってもいいでしょう。

生理《せいり》カレンダーに書《か》くといいこと

●生理《せいり》が始《はじ》まった日《ひ》

生理《せいり》が始《はじ》まった日《ひ》を書《か》いておくと、生理《せいり》がだいたい何日《なんにち》ごとにくるか数《かぞ》えることができて、次《つぎ》の生理《せいり》がきそうな日《ひ》もわかるよ。これだけは記録《きろく》しておいて！　終《お》わった日《ひ》も書《か》いておくと便利《べんり》。

●おりものが出《で》た日《ひ》

生理《せいり》が始《はじ》まった日《ひ》から2週間後《しゅうかんご》くらいの排卵日《はいらんび》あたりにとろっとしたおりもの（P.43）が、生理前《せいりまえ》にはネバッとしたおりものが出《で》やすいよ。

●体調《たいちょう》が悪《わる》かった日《ひ》

生理前《せいりまえ》はだるくなったり、ねむくなったり、頭痛《ずつう》や腹痛《ふくつう》が起《お》きやすいもの。そんな体調《たいちょう》が悪《わる》かった日《ひ》にしるしをつけておくと、だいたい生理《せいり》の何日前《なんにちまえ》くらいから体調《たいちょう》が悪《わる》くなりやすいのかわかってくるよ。

Q

なかなか生理《せいり》が始《はじ》まらないけどだいじょうぶかな？

A

中学《ちゅうがく》3年《ねん》の終《お》わりまでは待《ま》ってみてだいじょうぶ

ひとりひとり顔《かお》がちがうように、体《からだ》の成長《せいちょう》するスピードもちがうので、生理《せいり》が始《はじ》まる時期《じき》も人《ひと》それぞれ。**中学《ちゅうがく》3年《ねん》の終《お》わりごろまでに始《はじ》まれば心配《しんぱい》いりません。**胸《むね》がふくらんで、おまたやわきの下《した》に毛《け》がはえてきたり、おりものが出《で》たりするなら、生理《せいり》になる準備《じゅんび》ができているので、もう少《すこ》し待《ま》ってみてください。中学生《ちゅうがくせい》になっても身長《しんちょう》が140cmより低《ひく》いときは生理《せいり》がきにくいかもしれないので、小児科《しょうにか》で相談《そうだん》を。

Q

生理《せいり》の期間《きかん》が短《みじか》かったり長《なが》かったりするのは病気《びょうき》じゃない？

A

3～7日《か》がふつうだけど少《すこ》しずれることもあるもの

生理《せいり》の期間《きかん》は3～7日《か》がふつうですが、初潮《しょちょう》から、3年《ねん》くらいは生理《せいり》の練習中《れんしゅうちゅう》。**生理《せいり》が2日《か》で終《お》わったり、10日《か》くらい続《つづ》いたりしてもおかしいことではありません。**体《からだ》が疲《つか》れていると、ずれることも。

初潮《しょちょう》から3年《ねん》たっても2日以内《かいない》で終《お》わるときは、産婦人科《さんふじんか》・婦人科《ふじんか》で相談《そうだん》を。生理《せいり》が2週《しゅう》間以上続《かんいじょうつづ》くときは、かかりつけの病院《びょういん》で貧血《ひんけつ》の検査《けんさ》をしてもらいましょう。

Q 「おりもの」で気《き》になることがあるんだけど…

A おりものは乾燥《かんそう》から守《まも》る保湿《ほしつ》クリームみたいなもの

おとなの女性《じょせい》へと体《からだ》が成長《せいちょう》してくると**子宮《しきゅう》や膣《ちつ》から「おりもの」が出《で》てきて、ショーツにつきます。**白《しろ》から黄色《きいろ》っぽい色《いろ》で、かわくとカサカサして黄色《きいろ》に。ヨーグルトのようなすっぱいニオイがします。

また、かぜやアレルギーの薬《くすり》を飲《の》むと、水《みず》っぽくなることも。血《ち》がまじるときも病気《びょうき》ではないことが多《おお》いですが、いつもとちがって心配《しんぱい》なときは産婦人科《さんふじんか》・婦人科《ふじんか》で相談《そうだん》を。

Q 生理《せいり》が近《ちか》くなると鼻血《はなぢ》が出《で》ることが…

A 生理《せいり》のかわりに鼻血《はなぢ》が出《で》ることがあります

鼻血《はなぢ》がよく出《で》るのが生理前《せいりまえ》なら病気《びょうき》ではありません。体《からだ》が成長《せいちょう》していくと出《で》なくなっていきます。鼻血《はなぢ》が出《で》るのが1カ月《げつ》に1回《かい》くらいで、少《すこ》しおなかが痛《いた》かったり、体《からだ》がだるいことがあるなら、**生理《せいり》のかわりかも。**1週間以上続《しゅうかんいじょうつづ》くなら血《ち》が出《で》やすい病気《びょうき》のことがあるので小児科《しょうにか》か耳鼻科《じびか》へ。

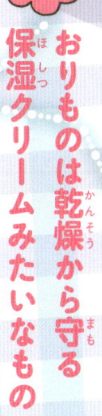

Q

生理《せいり》のときに血《ち》のかたまりが出《で》てきちゃった！

A

小指《こゆび》の先《さき》くらいの大《おお》きさのかたまりは心配《しんぱい》ありません

ブルーベリージャムの実《み》のような小《ちい》さなかたまりや小指《こゆび》の先《さき》くらいの大《おお》きさのかたまりが出《で》るのは、**だれにでもあることなので心配《しんぱい》ありません。**

おとなになってからのことですが、500円《えん》玉《だま》くらいの大《おお》きなかたまりが出《で》るようなら、病気《びょうき》の可能性《かのうせい》も。そんなときは一度《いちど》産婦人科《さんふじんか》や婦人科《ふじんか》で検査《けんさ》してもらったほうがいいでしょう。

Q

生理《せいり》の出血《しゅっけつ》の量《りょう》が少《すく》なすぎる？ 多《おお》すぎる？

A

少《すく》ないのも多《おお》いのも病気《びょうき》でないことがほとんど

生理《せいり》は**体調《たいちょう》によって量《りょう》が多《おお》いとき、少《すく》ないときがあるのがふつう**です。初潮《しょちょう》から3年《ねん》くらいは、量《りょう》が少《すく》なめなことも。目安《めやす》として、1時間《じかん》でナプキンがぐっしょりになるほどなら出血《しゅっけつ》が多《おお》め。前《まえ》の生理《せいり》の血《ち》が残《のこ》っていたり、子宮《しきゅう》にたまった生理《せいり》の血《ち》がどっと出《で》てきたりすると、量《りょう》が多《おお》くなります。どちらも病気《びょうき》ではないですが、生理《せいり》が2週間《しゅうかん》以上続《いじょうつづ》くときは産婦人科《さんふじんか》・婦人科《ふじんか》に行《い》ってみてください。

Q 生理《せいり》のときのニオイが気《き》になります！

A 自分《じぶん》が感《かん》じるほどまわりにはにおっていません！

ナプキンがむれたり、生理《せいり》の血《ち》がナプキンにつくとニオイが出《で》ることも。ナプキンを交換《こうかん》するときにニオイを感《かん》じると、いつもニオイが出《で》ているかもと気《き》になってしまいますよね。でも**自分《じぶん》が思《おも》うほどまわりにはにおっていないことがほとんど。**ナプキンをこまめに交換《こうかん》して清潔《せいけつ》にすること、ぴったりしたジーンズやズボンをなるべく着《き》ないこと、お風呂《ふろ》でおまたをやさしく洗《あら》うことを心《こころ》がければ、だいじょうぶ。

ナプキンはこまめに交換《こうかん》しよう

ナプキンは2～3時間《じかん》に1回《かい》は交換《こうかん》するようにしましょう。同《おな》じナプキンを3時間《じかん》以上使《いじょうつか》っていると、バイキンが増《ふ》えてくさいニオイがしたり、おまたがかぶれたりする原《げん》因《いん》に。夜寝《よるね》ている間《あいだ》はあまり汗《あせ》をかかないので、起《お》きるまでそのままでいいですが、昼間《ひるま》起《お》きている時間《じかん》は、こまめにトイレに行《い》って、交換《こうかん》する習慣《しゅうかん》をつけてくださいね。

生理中《せいりちゅう》、こんなときはどうする？

生理《せいり》のときは、お風呂《ふろ》に入《はい》れる？　体育《たいいく》の授業《じゅぎょう》は？　いつもどおりでOK《オーケー》なこと、気《き》をつけておいたほうがいいことがあるよ。

お風呂《ふろ》

生理中《せいりちゅう》は体《からだ》が冷《ひ》えると体調《たいちょう》が悪《わる》くなって、おなかが痛《いた》くなることも。生理中《せいりちゅう》こそ湯《ゆ》ぶねにゆっくりつかって体《からだ》を温《あたた》めて。洗《あら》い場《ば》に生理《せいり》の血《ち》がたれたら、シャワーでさっと流《なが》せばきれいになるよ。

体育《たいいく》

体《からだ》を動《うご》かすと血液《けつえき》の流《なが》れがよくなるので生理中《せいりちゅう》もスポーツOK《オーケー》。生理《せいり》の量《りょう》が多《おお》いともれやすいので、羽《はね》つきで大《おお》きめのナプキンを使《つか》うといいよ。でも、おなかが痛《いた》くて動《うご》くのがつらいときはムリせず見学《けんがく》してね。体育《たいいく》の先生《せんせい》に言《い》いづらいときは、先《さき》に保健室《ほけんしつ》の先生《せんせい》に相談《そうだん》しておくといいよ。

プール

ナプキンをつけてプールには入《はい》れないし、血《ち》がもれてしまってまわりの人《ひと》をおどろかせてしまうこともあるので、お休《やす》みしたほうがいいよ。

プールに入《はい》りたいときは、タンポンを使《つか》えば参加《さんか》できるけど、量《りょう》が多《おお》いときはムリしないで、お休《やす》みするのがおすすめ。

修《しゅう》学《がく》旅《りょ》行《こう》

生理《せいり》の周期《しゅうき》が安定《あんてい》しないうちは「修学旅行《しゅうがくりょこう》と生理《せいり》がぶつかりそう！」と思《おも》ってもずれることが。ただし準備《じゅんび》はしっかりと。ナプキンも多《おお》めに用意《ようい》して、サニタリーショーツも2、3枚《まい》持《も》っておくと安心《あんしん》。修学旅行《しゅうがくりょこう》は保健室《ほけんしつ》の先生《せんせい》もいっしょに来《き》てくれるので、困《こま》ったことがあったら相談《そうだん》してみて。

クラブ活《かつ》動《どう》

体調《たいちょう》がよければ、生理中《せいりちゅう》でもクラブ活動《かつどう》に参加《さんか》してだいじょうぶ。体調《たいちょう》がよくないときにはムリせずお休《やす》みしてね。運動部《うんどうぶ》のときは、もれてしまわないように羽《はね》つきのナプキンや大《おお》きいサイズのナプキンを使《つか》ってみて。

学《がっ》校《こう》でとつぜんなっちゃった

ナプキンの準備《じゅんび》をしていないときは、まずトイレに行《い》ってトイレットペーパーを3、4枚重《まいかさ》ねておまたにあてて。保健室《ほけんしつ》にはナプキンが置《お》いてあるので、保《ほ》健室《けんしつ》の先生《せんせい》に相談《そうだん》してナプキンをもらって。

どうしても心配《しんぱい》なときは…

修学旅行《しゅうがくりょこう》や大切《たいせつ》な試合《しあい》、コンクールなど生理《せいり》をずらしたいときは「ピル」という薬《くすり》を毎日《まいにち》飲《の》むと生理《せいり》をずらすことができるよ。でも、ピルを毎日《まいにち》決《き》まった時間《じかん》に飲《の》むことは小学生《しょうがくせい》にはむずかしく、ピルを飲《の》むと気持《きも》ち悪《わる》くなってしまうことも。中学生《ちゅうがくせい》、高校生《こうこうせい》になって生理《せいり》をずらしたいと思《おも》ったときは、おうちの人《ひと》に相談《そうだん》して、生理《せいり》をずらしたい日《ひ》の1カ月以上前《げついじょうまえ》に産婦人科《さんふじんか》・婦人科《ふじんか》に相談《そうだん》に行《い》ってね。

こんな場《ば》所《しょ》で生《せい》理《り》になったら？

生理《せいり》がとつぜんきたら、だれでもびっくりしちゃうよね。それがおうち以《い》外《がい》の場所《ばしょ》だったときにも、どうしたらいいか知《し》っておこう。

家《いえ》で初《はじ》めての生理《せいり》に！

おうちにお母《かあ》さんやお姉《ねえ》さんなど女性《じょせい》の家族《かぞく》がいれば相談《そうだん》して、生理用《せいりよう》ナプキンをもらってトイレでショーツにあてよう。男《だん》性《せい》の家族《かぞく》しかいないなど生理用《せいりよう》ナプキンがないときは、トイレットペーパーを3、4枚《まい》重《かさ》ねてショーツのおまたがあたる部分《ぶぶん》においてみて。近所《きんじょ》に友《とも》だちや女性《じょせい》の知《し》りあいがいるなら、電話《でんわ》するかおうちに行《い》って生理用《せいりよう》ナプキンをもらおう。

スーパーやコンビニ、ドラッグストアでナプキンが買《か》えるので、1日《にち》6〜8枚《まい》×7日《か》分《ぶん》で、42〜56枚《まい》くらい買《か》っておくと安心《あんしん》。

外《そと》で遊《あそ》んでいるとき

近《ちか》くにコンビニなどお店《みせ》があれば、お店《みせ》のトイレを借《か》りて、トイレットペーパーを重《かさ》ねておまたにあててからすぐ家《いえ》に帰《かえ》ろう。公園《こうえん》のトイレはキケンなことも。公園《こうえん》のトイレしかないときは、まわりに遊《あそ》んでいる人《ひと》が何人《なんにん》もいるようなら、サッと公園《こうえん》のトイレを使《つか》ってすぐに家《いえ》に帰《かえ》って。

塾《じゅく》、習《なら》いごと

はやめに教室《きょうしつ》のトイレに行《い》って、トイレットペーパーを重《かさ》ねておまたにあてよう。友《とも》だちや話《はな》しやすい女性《じょせい》の先生《せんせい》に「生理《せいり》がきたけど、ナプキンがないから1、2枚《まい》もらえないかな?」と相談《そうだん》してみて。だれかが１枚《まい》くらいは持《も》っているはず。

お出《で》かけ中《ちゅう》

いっしょにいる友《とも》だちなどナプキンをもらえそうな人《ひと》がいなければ、近《ちか》くのトイレをさがしてトイレットペーパーを重《かさ》ねておまたにあてよう。ショッピングモールの中《なか》なら、ドラッグストアなどナプキンを買《か》えるお店《みせ》があるかも。10枚《まい》くらいの少《すく》ないタイプを買《か》って、トイレですぐにあてれば安心《あんしん》。

友《とも》だちの家《いえ》

トイレを借《か》りて、トイレットペーパーを3、4枚《まい》重《かさ》ねておまたにあてたら、はやめに帰《かえ》るようにしよう。友《とも》だちに「生理《せいり》がきたけどナプキンがないからもらっていいかな?」と相談《そうだん》してみてもいいよ。生理《せいり》が始《はじ》まっている友《とも》だちか、お母《かあ》さん、お姉《ねえ》さんなど女性《じょせい》の家族《かぞく》がいるなら、家《いえ》にナプキンがあるはず。

ナプキンを1枚《まい》持《も》ち歩《ある》くようにしよう

初《はじ》めての生理《せいり》はいきなりくるもの。そして、生理《せいり》が始《はじ》まってから最初《さいしょ》の3年《ねん》くらいは、次《つぎ》の生理《せいり》がいつくるかわからない！　いつ生理《せいり》がきてもいいように、1枚《まい》だけナプキンを持《も》ち歩《ある》くのがおすすめ。学校《がっこう》や塾《じゅく》、習《なら》いごとにいつも持《も》っていくバッグには、ファスナーつきポケットや小《ちい》さめのポーチなどにナプキンを入《い》れっぱなしにしておこう。お出《で》かけのときも、できるだけナプキン1枚《まい》はバッグに入《い》れておくと安心《あんしん》だよ。

生《せい》理《り》でおなかが痛《いた》いときは？

生理《せいり》になると、腰《こし》やおなかが痛《いた》くて動《うご》けなくなることも。おなかの痛《いた》さ以外《いがい》にも生理中《せいりちゅう》のつらさとうまくつきあうためのコツがあるよ！

どうしておなかが痛《いた》くなる？

生理《せいり》で腰《こし》やおなかが痛《いた》くなることを「生理痛《せいりつう》」というよ。生理《せいり》の血《ち》を出《だ》すため、子宮《しきゅう》がぎゅっとちぢむときに痛《いた》くなるもの。体《からだ》が完全《かんぜん》におとなになるまでは、子宮《しきゅう》があまりやわらかくないので、生《せい》理《り》の血《ち》を出《だ》すときに力《ちから》が入《はい》りすぎて、生理痛《せいりつう》が出《で》やすくなるの。体《からだ》が冷《ひ》えると生理痛《せいりつう》がひどくなるので、体《からだ》を温《あたた》めるくふうをしてみて！

●ラジオ体操《たいそう》をする

体《からだ》を動《うご》かすのは痛《いた》みをやわらげるために大切《たいせつ》なこと。生理前《せいりまえ》から生理中《せいりちゅう》は、一部《いちぶ》の動《うご》きだけでもいいから「ラジオ体操《たいそう》」をやってみて。

●カイロをはってみる

小《ちい》さいサイズの「はるカイロ」をおしりのわれ目《め》が始《はじ》まるあたりの服《ふく》の上《うえ》からはると、腰《こし》がポカポカして気持《きも》ちいいよ。

●湯《ゆ》ぶねにつかる

湯《ゆ》ぶねにつかると、体《からだ》が温《あたた》まって夜《よる》もねむりやすくなるよ。寝《ね》るときに湯《ゆ》たんぽを腰《こし》にあてるのも痛《いた》みをやわらげることに。

●服《ふく》にもひとくふう

短《みじか》いスカートやショートパンツは足《あし》が冷《ひ》えて、生理痛《せいりつう》がひどくなっちゃう。きつくないズボンをはいて、くつ下《した》をはくようにして。

こんな「つらい!」で困《こま》ったら

フラフラめまいが!

生理《せいり》のときは血《ち》がたくさん出《で》るため、血液《けつえき》の中《なか》の「鉄分《てつぶん》」が減《へ》って貧血《ひんけつ》が起《お》きやすいもの。生理中《せいりちゅう》にフラフラする、めまいがする、立《た》っているのがつらい、起《お》き上《あ》がるのがだるいときは貧血《ひんけつ》かも。おうちの人《ひと》に相談《そうだん》して小児科《しょうにか》で貧血《ひんけつ》の検査《けんさ》をしてね。飲《の》み物《もの》ばかり、お菓子《かし》ばかり、パンばかりの食事《しょくじ》は「鉄分《てつぶん》」が増《ふ》えなくて、貧血《ひんけつ》がひどくなっちゃうから、食事《しょくじ》にも気《き》をつけて。

頭《あたま》が痛《いた》い!

生理《せいり》のとき、血《ち》を出《だ》すために子宮《しきゅう》がちぢむことで、頭痛《ずつう》も起《お》きやすくなるよ。少《すこ》し休《やす》めばよくなるくらいの頭痛《ずつう》ならいいけど、「起《お》きているのがつらい」「食《た》べる気《き》がしない」というくらい強《つよ》い頭痛《ずつう》があるなら、痛《いた》み止《ど》めを使《つか》ったほうがいいことも。

イライラ&だるくてねむいし便秘《べんぴ》にもなっちゃう!

生理《せいり》の2週間前《しゅうかんまえ》くらいから生理《せいり》になる直前《ちょくぜん》までは、女性《じょせい》ホルモンの量《りょう》が変化《へんか》していることで、病気《びょうき》でもないのに「イライラして落《お》ちこむ」「だるくてねむくなる」「便秘《べんぴ》になる」などいろんな困《こま》ったことが。これは「月経前症候群《げっけいぜんしょうこうぐん》(PMS《ピーエムエス》)」というもの。学校《がっこう》に行《い》くのがつらいほどなら、薬《くすり》を使《つか》ったほうがいいかも。産婦人科《さんふじんか》・婦人科《ふじんか》で相談《そうだん》することで「月経前症候群《げっけいぜんしょうこうぐん》(PMS《ピーエムエス》)」の薬《くすり》がもらえることをおぼえておいてね。

「痛《いた》み止《ど》め」について

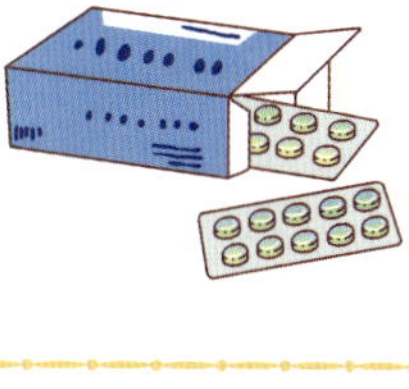

学校《がっこう》に行《い》けないほど生理痛《せいりつう》がひどいときは、ガマンしないで痛《いた》み止《ど》めの薬《くすり》を使《つか》ったほうがいいよ。ただ、アトピーやアレルギーの薬《くすり》を飲《の》んでいるときは、痛《いた》み止《ど》めの薬《くすり》をいっしょに飲《の》むと、「副作用《ふくさよう》」というこわい症状《しょうじょう》が出《で》てしまうことが。痛《いた》み止《ど》めを買《か》うときは、自分《じぶん》で選《えら》ぶのではなく、ドラッグストアや薬局《やっきょく》に行《い》って、薬《くすり》にくわしい薬剤師《やくざいし》さんにアレルギーや生理痛《せいりつう》のことを話《はな》して、安全《あんぜん》な薬《くすり》を選《えら》んでもらってね。

生理《せいり》となかよくつきあうためには？

生理《せいり》のときは、体《からだ》が「子宮《しきゅう》から血《ち》を出《だ》す」という大仕事《おおしごと》をしているとき。ムリをせず、体《からだ》をいたわってゆっくりすごそうね。

はや寝《ね》を心《こころ》がけよう

生理《せいり》の１週間《しゅうかん》くらい前《まえ》から生理中《せいりちゅう》は、できるだけ夜《よる》10時《じ》ごろまでには寝《ね》るようにしよう。寝《ね》る時間《じかん》がおそいと、体《からだ》の疲《つか》れがとれなくて、月経前症候群《げっけいぜんしょうこうぐん》（PMS《ピーエムエス》）の症状《しょうじょう》がつらくなったり、生理痛《せいりつう》がひどくなることが。寝《ね》る直前《ちょくぜん》までテレビ、スマホやタブレットの画面《がめん》のまぶしい光《ひかり》を見《み》るのもNG《エヌジー》。夜《よる》ぐっすりねむれなくなるから、寝《ね》る１時間前《じかんまえ》くらいにはスマホなどの画面《がめん》を見《み》るのをやめるのが◎。

食事《しょくじ》にも気《き》を配《くば》ろう

「甘《あま》い飲《の》み物《もの》やスポーツドリンクを１日《にち》に何杯《なんばい》も飲《の》んでいる」「お菓子《かし》やアイスばかり食《た》べちゃう」「ダイエットが気《き》になるからサラダばかり食《た》べている」なんて人《ひと》は注意《ちゅうい》！

栄養《えいよう》のバランスが悪《わる》くて栄養不足《えいようぶそく》に。

栄養不足《えいようぶそく》になると生理《せいり》のパワーが弱《よわ》まり、月経前症候群《げっけいぜんしょうこうぐん》（PMS《ピーエムエス》）の症状《しょうじょう》や生理痛《せいりつう》がひどくなっちゃうよ。生理《せいり》に必要《ひつよう》な栄養《えいよう》をかんたんにとれるのは「ごはんとおみそ汁《しる》」。

大豆《だいず》アレルギーの人《ひと》は、温《あたた》かいスープでもOK《オーケー》。

しっかり体《からだ》を動《うご》かそう

じっとしていることが多《おお》いと、血液《けつえき》の流《なが》れが悪《わる》くなって、生理痛《せいりつう》や、むくみや頭痛《ずつう》がひどくなることも。ジョギングみたいにはげしい運動《うんどう》をする必要《ひつよう》はないけど、ラジオ体操《たいそう》などで軽《かる》く体《からだ》を動《うご》かすと体《からだ》がぽかぽか。

起《お》き上《あ》がってラジオ体操《たいそう》をするのもつらいなら、寝《ね》ながらわきをのばすようなポーズをしてみて。あおむけに寝《ね》て、手《て》足《あし》を思《おも》いきりのばすのを5回《かい》くらいやるのもおすすめ。

ゆったり＆あったかファッションに

スカートやショートパンツなど体《からだ》が冷《ひ》えやすい服《ふく》、ジーンズのようにおまたがむれやすくておなかをしめつける服《ふく》はやめて、ゆったりしたデザインの服《ふく》を着《き》るようにすると生理痛《せいりつう》がラクに。

家《いえ》ではパジャマのようにウエストがゴムのゆったりしたズボンにして。ブラジャーもブラトップやスポーツブラなどの、しめつけないもののほうがおすすめ。おなかが冷《ひ》えるなら、腹《はら》まきをするのもいいよ。

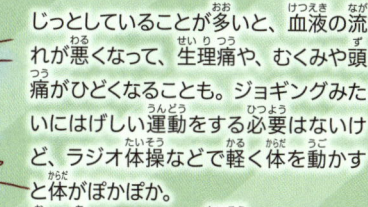

生理中《せいりちゅう》に気《き》をつけたいこと

生理《せいり》は病気《びょうき》じゃないから、やっちゃいけないことはあまりないけれど、「気《き》をつけたほうがいいこと」がいくつかあるよ。

NG!! お風呂《ふろ》はシャワーだけ

→湯《ゆ》ぶねで体《からだ》を温《あたた》めよう

生理中《せいりちゅう》はシャワーのほうがラクに感《かん》じるかも。でも、生理中《せいりちゅう》は体《からだ》が冷《ひ》えやすいので、シャワーだけでは体《からだ》が温《あたた》まらず、生理痛《せいりつう》などの症状《しょうじょう》がひどくなることがあるの。しっかり湯《ゆ》ぶねにつかって体《からだ》を温《あたた》めて。また、生理《せいり》のときは血《ち》でおまたが汚《よご》れてかぶれやすいので、シャワーを弱《よわ》めにして、おまたにかけながらやさしく洗《あら》って清潔《せいけつ》にしておこう。おまたの洗《あら》い方《かた》はP.84を見《み》てね。

NG!! トイレに行《い》くのがめんどうだからずっと同《おな》じナプキンのまま

→1~2時間《じかん》おきに交換《こうかん》しよう

生理中《せいりちゅう》はナプキンをあてていることで、おまたがむれてバイキンが増《ふ》えやすくなるよ。おまたのまわりでバイキンが増《ふ》えると、おまたがかゆくなったり、痛《いた》くなったりすることが。同《おな》じナプキンをずっと使《つか》っているとバイキンが増《ふ》えやすいので、生理中《せいりちゅう》は1~2時間《じかん》おきにナプキンを交換《こうかん》して。

夜《よる》はあまり汗《あせ》をかかないので、寝《ね》ている間《あいだ》同《おな》じナプキンをつけていてもだいじょうぶ。起《お》きたらはやめに新《あたら》しいナプキンに交換《こうかん》しよう。

NG!! 冷《つめ》たいものをいっぱい食《た》べたり飲《の》んだりする

→生《せい》理《り》数《すう》日《じつ》前《まえ》からは温《あたた》かいものに

生理《せいり》のときにアイスやジュースなど冷《つめ》たいものをいっぱい食《た》べたり飲《の》んだりすると、体《からだ》の中《なか》から冷《ひ》えてしまう原因《げんいん》に。生理痛《せいりつう》がひどくなるだけでなく、頭痛《ずつう》やだるさも強《つよ》くなってしまうよ。生理《せいり》の数日前《すうじつまえ》からは、夏《なつ》でもなるべく温《あたた》かい飲《の》み物《もの》、食《た》べ物《もの》を選《えら》ぶようにしてね。夏《なつ》の暑《あつ》いとき、どうしても冷《つめ》たいものを食《た》べたり飲《の》んだりしたいときは、バクバク食《た》べずに口《くち》の中《なか》で温《あたた》めてから飲《の》みこんで。

NG!! ベッドの中《なか》でタブレットやゲームに夢《む》中《ちゅう》！

→目《め》を使《つか》いすぎると生《せい》理《り》痛《つう》がひどくなることも

貧血《ひんけつ》になると目《め》が疲《つか》れやすくなるもの。いつもより貧血《ひんけつ》になりやすい生理中《せいりちゅう》にスマホやゲームで目《め》をたくさん使《つか》うと、フラフラしたり、めまいがしたり、つらい症状《しょうじょう》がひどくなってしまうことがあるよ。

ずっと同《おな》じ姿勢《しせい》でスマホや、ゲームをしていれば、運動不足《うんどうぶそく》で血行《けっこう》が悪《わる》くなるのもあたりまえ。生理痛《せいりつう》がひどくなる原因《げんいん》にもなっちゃうよ。夜《よ》ふかしも気《き》をつけて！

めぐみ先生《せんせい》からメッセージ

まだ生理《せいり》のことでなやみがあったら

生理《せいり》のことで、あなたがわからないことはありますか？

生理《せいり》のことでは、だれでも「わたしってヘンかな？」と、なやむことがいっぱいあります。わたしも子《こ》どものときはわからないことがたくさんありました。


生理《せいり》はこれからあなたが長《なが》くつきあっていくもの。

生理《せいり》とうまくつきあえるように、気《き》になることがあったらこの本《ほん》を読《よ》み返《かえ》してみてください。

それでも、生理《せいり》のことでなやんでしまうときは、生理《せいり》のことにくわしい保健室《ほけんしつ》の先生《せんせい》に相談《そうだん》してみてほしいです。

保健室《ほけんしつ》の先生《せんせい》は、いろんな女《おんな》の子《こ》の生理《せいり》のおなやみを聞《き》いているので、「だれにも知《し》られたくないけれど」と相談《そうだん》すれば相談《そうだん》にのってくれますよ。

わたしもブログで相談《そうだん》を受《う》けつけているので、見《み》てみてください。

パート2

いろいろ気《き》になる！カラダのこと

思春期《ししゅんき》の女《おんな》の子《こ》のカラダは、
どんどん変化《へんか》していくの。胸《むね》が気《き》になったり、
太《ふと》ったと感《かん》じたり、なやみがいっぱい!?

胸《むね》が気《き》になる

うひー　このモデル　胸《むね》でけー！
すげー！
ちょっと男子《だんし》！そうじしなよね！
なにエロい写真《しゃしん》見《み》てるの！やらしーな！
女子《じょし》うるせー
陽菜《ひな》なんて胸《むね》が全然《ぜんぜん》ないからひがんでんじゃねーの!?
おまえ男《おとこ》じゃねーの!?

ガーーン
ペタ～ン
おまえら やめろよ そうじしろよ
なんだよー 健人《けんと》
ホレ ちりとり
早《はや》くそうじ 終《お》わらせて サッカー しようぜ
しょーがねえなー
健人《けんと》くん もしかして 助《たす》けてくれたのかな…？
キュン…

下校中《げこうちゅう》
さっき　ムカついたよねー　あいつら
うん　でも　わたし　ホントに　胸《むね》ないからなー
えーっ　でも　わたしなんて逆《ぎゃく》に
胸《むね》デカ！　デブ！
って　言《い》われたよ！
あいつら～
かなちゃん　もうブラ　してるの？
うん　胸大《むねおお》きいと　目立《めだ》つから　買《か》ったよ　美優《みゆう》ちゃんは？
わたしも　そろそろ　買《か》おうかなぁ
陽菜《ひな》は？
えっ　わたしなんて　胸《むね》ないから
必要《ひつよう》ないもん！
あせ
あせ

ママも胸《むね》大《おお》きいし
早紀《さき》ちゃんも
真菜姉《まなねえ》も大《おお》きいのに
なんでわたしだけこんなに小《ちい》さいの!?
なに?じろじろ見《み》て
はっ
いやっ胸《むね》大《おお》きいなーと思《おも》ってわたしも大《おお》きくなるかなあ?
胸《むね》の大《おお》きさは人《ひと》それぞれだよー小《ちい》さくたって気《き》にしない!
ママも陽菜《ひな》くらいのときは小《ちい》さかったわよ真菜《まな》と陽菜《ひな》におっぱいをあげたら大《おお》きくなったの
そうなの!?
そろそろ陽菜《ひな》もブラをしたほうがいいかもね
今度《こんど》買《か》いに行《い》こうね

思春期《ししゅんき》の カラダ

カラダもココロも子《こ》どもからおとなに変《か》わっていく「思春期《ししゅんき》」。カラダがどんなふうに変化《へんか》していくのか、見《み》ておこう！

見《み》た目《め》もどんどん変《か》わっていく時期《じき》

カラダとココロが子《こ》どもからおとなへと変《か》わっていく時期《じき》が「思春期《ししゅんき》」です。小学校高学《しょうがっこうこうがく》年《ねん》くらいになると、脳《のう》から「おとなの体《からだ》に変化《へんか》してね！」という指令《しれい》が出《で》て、おなかの下《した》のほうにある卵巣《らんそう》から女性《じょせい》ホルモンが出《で》てきます。そうすると、身《しん》長《ちょう》がのびたり、体重《たいじゅう》が増《ふ》えたり、体《からだ》のサイズが今《いま》までよりもぐんと大《おお》きくなるだけでなく、胸《むね》もふくらんできて、おしりなどあちこちに脂肪《しぼう》がついてふっくらしてきます。子《こ》どものころとは体型《たいけい》も変《か》わり、おとなの女《じょ》性《せい》の体《からだ》に近《ちか》づいていくのです。

また、ニキビや肌《はだ》あれが出《で》やすくなったり、わきやおまたに毛《け》がはえたりも。生理《せいり》がくるのも、**赤《あか》ちゃんを産《う》むための体《からだ》になる、とても大切《たいせつ》な変化《へんか》**ですね。

ただ、いつどんなふうに変化《へんか》するかは、人《ひと》によってバラバラです。成長《せいちょう》のスピードもそれぞれちがうもの。自分《じぶん》だけがはやく変化《へんか》したり、逆《ぎゃく》になかなか変化《へんか》しないとはずかしくなったり、あわてたりすると思《おも》いますが、自分《じぶん》のペースでだいじょうぶと考《かんが》えましょう。

こんなに変《か》わる！女《おんな》の子《こ》のカラダ

おとなのカラダになるにつれて、どんなところがどう変《か》わっていくのか、チェックしておこう。変《か》わっていく順番《じゅんばん》や時期《じき》は人《ひと》によってちがうよ。

体型《たいけい》が変《か》わる

胸《むね》が大《おお》きくなるだけでなく、おしりや腰《こし》のまわり、太《ふと》もものあたりにも脂肪《しぼう》がついてきて、ウエストにくびれが。おとなの女性《じょせい》に体型《たいけい》が近づくのは、生理《せいり》がもうすぐ始《はじ》まる合図《あいず》。

ニキビや肌《はだ》あれ

女性《じょせい》ホルモンが出《で》ることで、今《いま》までと肌《はだ》の様子《ようす》が変《か》わって、プツプツとニキビができることが。ストレスや寝不足《ねぶそく》、生理《せいり》との関係《かんけい》で肌《はだ》があれてしまうことも。

わきやおまたに毛《け》がはえる

わきやおまたに毛《け》がはえるのもホルモンと関係《かんけい》が。わきもおまたも、大切《たいせつ》な部分《ぶぶん》だから守《まも》るために毛《け》がはえてくるんだよ。これもおとなに近《ちか》づいたしるし。

胸《むね》が大《おお》きくなる

赤《あか》ちゃんが飲《の》む母乳《ぼにゅう》をつくるための「乳腺《にゅうせん》」が成長《せいちょう》することで胸《むね》がふっくら大《おお》きくなるよ。最初《さいしょ》のうちは胸《むね》がチクチクしたり、かたくなったり、痛《いた》くなったりすることも。

生理《せいり》になる

生理《せいり》がくるということは、赤《あか》ちゃんのもとになる卵子《らんし》が成長《せいちょう》して、赤《あか》ちゃんを産《う》む準備《じゅんび》ができてきたってこと。思春期《ししゅんき》の女《おんな》の子《こ》にとってはいちばん大《おお》きな変化《へんか》かもしれないね。

身長《しんちょう》がのびる 体重《たいじゅう》が増《ふ》える

思春期《ししゅんき》は急《きゅう》に身長《しんちょう》がのびたり、体重《たいじゅう》が増《ふ》えたりする時期《じき》でもあるよ。体重《たいじゅう》が増《ふ》えるのも、将来元気《しょうらいげんき》な赤《あか》ちゃんを産《う》むために大切《たいせつ》なこと。ムリにダイエットなどしないでね。

男《おとこ》の子《こ》のカラダにも大《おお》きな変化《へんか》が！

女《おんな》の子《こ》と同《おな》じように、男《おとこ》の子《こ》も思春期《ししゅんき》になると脳《のう》から「おとなのカラダに変化《へんか》してね！」という指令《しれい》が出《で》ます。体《からだ》の中《なか》の「精巣《せいそう》」「副腎《ふくじん》」という部分《ぶぶん》から男性《だんせい》ホルモンが出《で》てきて、おとなの男性《だんせい》に成長《せいちょう》。女《おんな》の子《こ》の体《からだ》は脂肪《しぼう》がついてふっくらしていきますが、男《おとこ》の子《こ》は筋肉《きんにく》がついてがっしりした体型《たいけい》に。女《おんな》の子《こ》と同《おな》じようにわきやおまたにプラスして脚《あし》のすねなどにも毛《け》がたくさんはえ、ひげがはえるのも男《おとこ》の子《こ》ならでは。

男《おとこ》の子《こ》にも赤《あか》ちゃんをつくる準備《じゅんび》が

ほかにも女《おんな》の子《こ》と同《おな》じような声《こえ》だったのが、急《きゅう》に声《こえ》が低《ひく》くなる「声《こえ》がわり」も。

女《おんな》の子《こ》に「赤《あか》ちゃんを産《う》む準《じゅん》備《び》」になる生理《せいり》があるように、**男《おとこ》の子《こ》の体《からだ》でも「赤《あか》ちゃんをつくる準備《じゅんび》」である「射精《しゃせい》」が起《お》こります。**ペニス（＝おちんちん）が刺激《しげき》されたり、エッチなことを考《かんが》えたりしたときに、ペニスがふくらんでかたくなることを「勃起《ぼっき》」といいます。勃起《ぼっき》すると、男性《だんせい》の赤《あか》ちゃんのもとの「精《せい》子《し》」がまじった白《しろ》くてねばねばした液体《えきたい》がペニスの先《さき》から出《で》ます。これが射精《しゃせい》です。エッチなことを考《かんが》えていなくても、鉄棒《てつぼう》などでペニスがこすれただけで勃起《ぼっき》して射精《しゃせい》してしまうことが。男《おとこ》の子《こ》自身《じしん》もはずかしい気持《きも》ちになることがあるのを知《し》っておいてあげてください。

初《はじ》めての射精《しゃせい》である「精通《せいつう》」が起《お》きるのは、女《おんな》の子《こ》に初潮《しょちょう》がくるのと同《おな》じ小学校高学年《しょうがっこうこうがくねん》のころ。でも身長《しんちょう》や体重《たいじゅう》、体型《たいけい》の急《きゅう》な変化《へんか》は女《おんな》の子《こ》よりも少《すこ》しゆっくりで、中学生《ちゅうがくせい》くらいから始《はじ》まります。女《おんな》の子《こ》のほうがカラダもココロも男《おとこ》の子《こ》よりはやく変化《へんか》していくんです。

こんなに変《か》わる！男《おとこ》の子《こ》のカラダ

思春期《ししゅんき》になった男《おとこ》の子《こ》のカラダも、女《おんな》の子《こ》とはちがった変化《へんか》が。筋肉《きんにく》や骨《ほね》が発達《はったつ》し、がっちりして、見《み》た目《め》から女《おんな》の子《こ》とのちがいがはっきりするように。

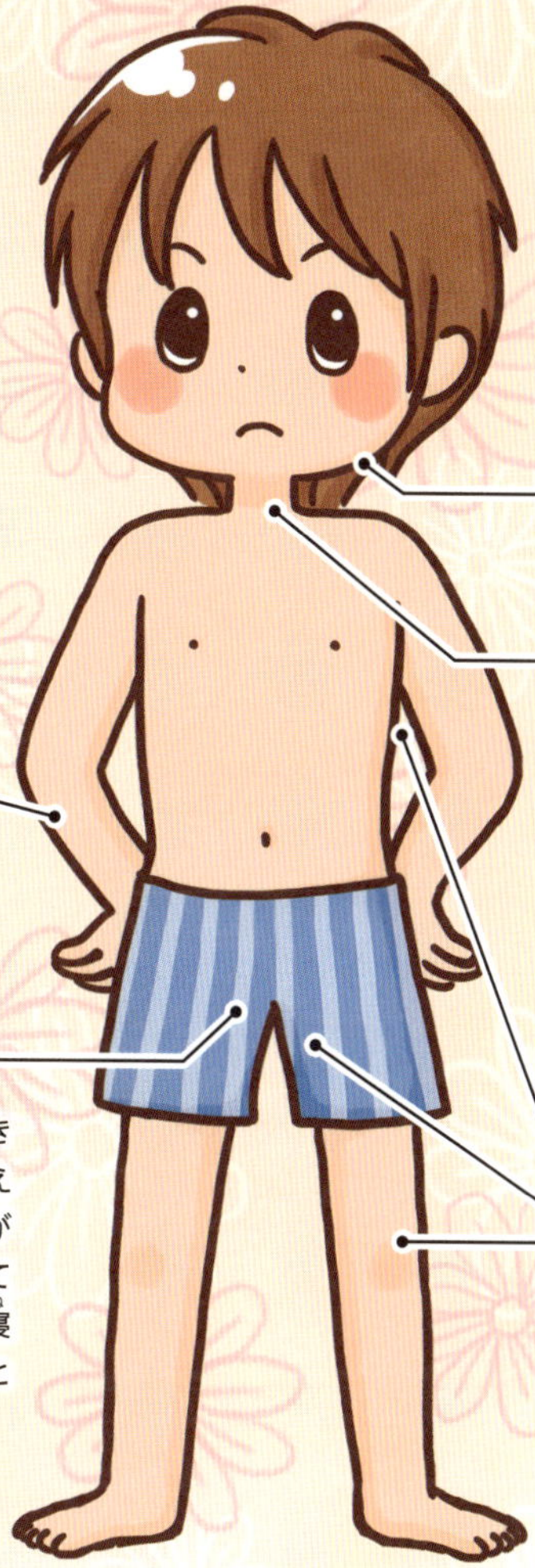

体型《たいけい》が変《か》わる

女《おんな》の子《こ》よりも筋肉《きんにく》や骨《ほね》が発達《はったつ》してきて、肩《かた》はばも広《ひろ》くがっちりとした体型《たいけい》に。小学生《しょうがくせい》のうちはそうでもないけど、中学《ちゅうがく》、高校《こうこう》あたりから身長《しんちょう》や体重《たいじゅう》が女《おんな》の子《こ》より増《ふ》える男《おとこ》の子《こ》が多《おお》くなっていくよ。

性器《せいき》が大《おお》きくなる

ペニスが大《おお》きくなってきて、エッチなことを考《かんが》えたり、こすれて刺激《しげき》があったりすると勃起《ぼっき》して射精《しゃせい》が起《お》きるように。寝《ね》ている間《あいだ》に射精《しゃせい》することもあるんだよ。

ひげなどがはえる

口《くち》のまわりにポツポツとひげが！　最初《さいしょ》のうちはおとなの男性《だんせい》ほど太《ふと》くてかたい毛《け》がはえるわけではないので、ひげをそるようになるのはもう少《すこ》し先《さき》。

声《こえ》がわりする

のどのあたりの骨《ほね》＝のどぼとけが目立《めだ》つようになって、それまでより低《ひく》い声《こえ》が出《で》るようになるよ。声《こえ》がわりの前《まえ》は、声《こえ》がかすれて出《で》にくくなることも。

わき、すね、おまたに毛《け》がはえる

わきやおまたに毛《け》がはえるのは女《おんな》の子《こ》と同《おな》じだけど、男《おとこ》の子《こ》の場合《ばあい》はすねにも女《おんな》の子《こ》より濃《こ》くて長《なが》い毛《け》がはえてくるように。

バストのおなやみ Q&A

思春期《ししゅんき》のカラダの変化《へんか》でとくに気《き》になるのはやっぱりバストのこと。人《ひと》より大《おお》きくても、小《ちい》さくてもなやみはあるもの！

Q 胸《むね》が小《ちい》さいことが気《き》になる！

A 高校生《こうこうせい》くらいまでは様子《ようす》をみていてください

人《ひと》によって体《からだ》が成長《せいちょう》するスピードがちがうので、胸《むね》がふくらむ時期《じき》もそれぞれ。おそめな子《こ》だと、18歳《さい》くらいになってから胸《むね》がふくらむことも。小学生《しょうがくせい》や中学生《ちゅうがくせい》のうちは、なかなか大《おお》きくならないのはよくあることなので、**高校《こうこう》生《せい》くらいまでは、様子《ようす》をみてみましょう。**中学《ちゅうがく》3年《ねん》になっても、小学生《しょうがくせい》のときのように胸《むね》が小《ちい》さく、生理《せいり》も始《はじ》まっていないときは産婦人科《さんふじんか》・婦人科《ふじんか》で検《けん》査《さ》をしてもらいましょう。

Q 右《みぎ》と左《ひだり》で大《おお》きさがちがうのはヘンですか？

A 右《みぎ》と左《ひだり》がまったく同《おな》じになることはありません

胸《むね》は右《みぎ》と左《ひだり》でまったく同《おな》じ大《おお》きさにならないのがふつう。体《からだ》は、目《め》も耳《みみ》も左右《さゆう》まったく同《おな》じではなく、少《すこ》しずつ大《おお》きさや形《かたち》がちがうものなんです。ただ、姿勢《しせい》が悪《わる》いと、片方《かたほう》だけ胸《むね》の形《かたち》が悪《わる》くなることも。ふだんの姿勢《しせい》には気《き》をつけて。

Q 乳首《ちくび》がへこんでいるみたい!?

A 胸《むね》が成長《せいちょう》しているときは乳首《ちくび》がかんぼつしやすい

胸《むね》がふくらみ始《はじ》める小学校《しょうがっこう》から高校生《こうこうせい》くらいまでは、乳首《ちくび》がへこんでいてもおかしくありません。胸《むね》がふくらむとき、乳首《ちくび》の内側《うちがわ》が、胸《むね》の奥《おく》のほうにひっぱられるため、**だれでも乳首《ちくび》がへこんでかんぼつしやすくなります。**

もしおとなになってからも乳首《ちくび》がかんぼつしていても、妊娠《にんしん》して赤《あか》ちゃんが生《う》まれたあとには、母乳《ぼにゅう》をあげることができます

Q 乳輪《にゅうりん》の色《いろ》が気《き》になります

A 女性《じょせい》ホルモンが増《ふ》えると色《いろ》は濃《こ》くなるもの

乳首《ちくび》のまわりの茶色《ちゃいろ》っぽい部分《ぶぶん》を「乳輪《にゅうりん》」といいます。思春期《ししゅんき》になって、**女性《じょせい》ホルモンの量《りょう》が多《おお》くなってくると茶色《ちゃいろ》っぽい色《いろ》になる**のがふつう。さらに、赤《あか》ちゃんにおっぱいをあげる間《あいだ》は、赤《あか》ちゃんが乳首《ちくび》をすぐに見《み》つけられるようにとくに色《いろ》が濃《こ》くなるものです。

友《とも》だちの胸《むね》をじろじろ見《み》ることはあまりないので「自分《じぶん》だけ乳輪《にゅうりん》が濃《こ》い色《いろ》な気《き》がする」と思《おも》っていても、実際《じっさい》はそこまでではないのはよくあること。濃《こ》い色《いろ》のせいで困《こま》ることもないので、気《き》にしすぎなくてだいじょうぶ。

Q 乳首《ちくび》から液体《えきたい》が出《で》てくる

A 白《しろ》や黄色《きいろ》っぽい液《えき》は心配《しんぱい》しなくてだいじょうぶ

乳首《ちくび》から白《しろ》や黄色《きいろ》っぽい「分泌物《ぶんぴつぶつ》」とよばれる液《えき》が出《で》てくるのは、女性《じょせい》ホルモンの刺激《しげき》でだれでもあることです。もし血《ち》がまじっているときは、乳首《ちくび》にバイキンが入《はい》ってしまったのかも。何日《なんにち》も続《つづ》くようなら、薬《くすり》を飲《の》んだほうがいいので、乳腺外来《にゅうせんがいらい》や乳《にゅう》がんの検査《けんさ》をしている外科《げか》がある病院《びょういん》に行《い》って、相談《そうだん》してみてください。

Q 胸《むね》のことを男子《だんし》にからかわれるのがイヤ

A 相手《あいて》にしなければそのうちやめてくれます

だれかの体《からだ》のことをからかうのは、してはいけないこと。**あなたの胸《むね》が小《ちい》さくても大《おお》きくても、あなたは悪《わる》くありません。**からかわれたときは「悲《かな》しいからやめて」と気持《きも》ちを伝《つた》えて。何回《なんかい》もからかってくるのは、反応《はんのう》をおもしろがっているとき。相手《あいて》にしないで無視《むし》すると、おさまるでしょう。

Q 胸《むね》がはって痛《いた》い気《き》がする

A 心配《しんぱい》はしなくていいけど前《まえ》かがみの姿勢《しせい》に気《き》をつけて

胸《むね》がふくらむ時期《じき》に痛《いた》みを感《かん》じるのはほとんどの人《ひと》が経験《けいけん》することです。**とくに生理前《せいりまえ》は痛《いた》くなりやすい**もの。ただ、背中《せなか》を丸《まる》めて前《まえ》かがみの姿勢《しせい》でずっとすわっていると、痛《いた》みが強《つよ》くなってしまうことが。胸《むね》のまわりを丸《まる》く、ゆっくりさするようにマッサージしたり、わきの下《した》をもんでみましょう。痛《いた》みがやわらぐことも。

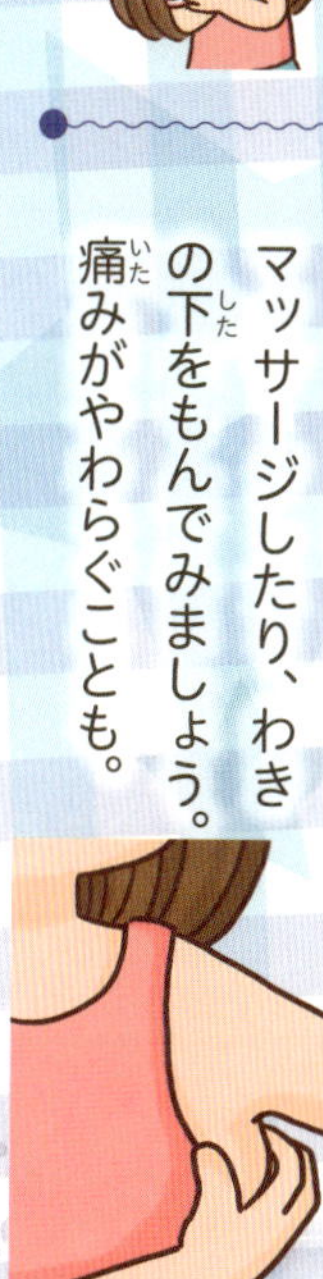

Q 胸《むね》が大《おお》きくてはずかしい

A 自分《じぶん》だけの個性《こせい》だと思《おも》って どうどうとしていてOK《オーケー》

成長《せいちょう》のスピードがはやくて、おとなのように胸《むね》が大《おお》きくなると、まわりの人《ひと》からジロジロ見《み》られて、イヤな気分《きぶん》になることもあるでしょう。**もしからかわれたときは「胸《むね》のことは言《い》わないで」とはっきり気持《きも》ちを伝《つた》えて。**

胸《むね》が小《ちい》さい子《こ》にとっては、あなたはあこがれの存在《そんざい》。ムリにきつい服《ふく》やブラジャーで胸《むね》をおさえてしまうと、せっかくの胸《むね》の形《かたち》が悪《わる》くなってしまいます。胸《むね》が大《おお》きいことは自分《じぶん》にしかない個性《こせい》だと思《おも》って、体《からだ》に合《あ》ったブラジャーをつけて、どうどうとしていましょう。

Q 胸《むね》全体《ぜんたい》がコリコリしてかたいのですが……

A 乳腺《にゅうせん》が発達《はったつ》している時期《じき》はみんなかたいもの

胸《むね》がふくらみ始《はじ》めた10代《だい》のころは、かたくてあたりまえ。コリコリしたところを、ムリに動《うご》かそうとすると痛《いた》く感《かん》じることも。でも、これは**乳腺《にゅうせん》が発達《はったつ》して、胸《むね》が大《おお》きくなるとちゅうだから起《お》きる**こと。病気《びょうき》ではありません。20歳《さい》をすぎるころには、やわらかくなってきます。

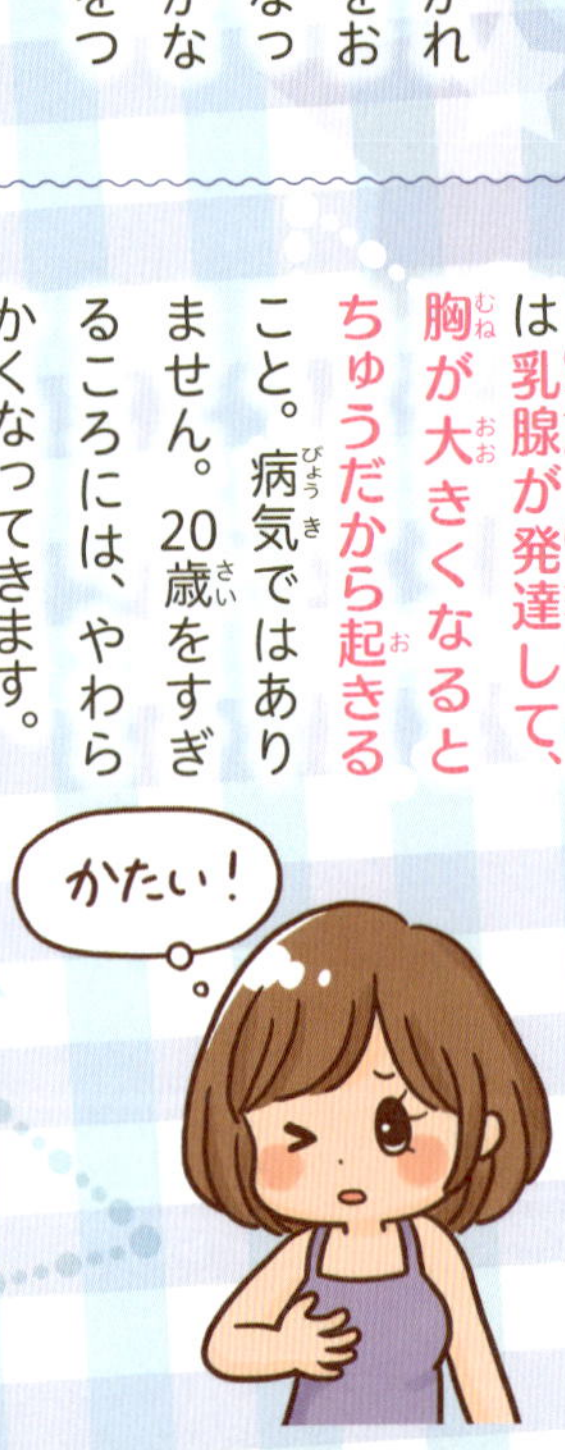

Q 乳《ち》首《くび》が痛《いた》い！　かゆい！

A 刺激《しげき》を受《う》けやすい時期《じき》なので体《からだ》に合《あ》ったブラジャーを

胸《むね》が大《おお》きくなるまでは、かたくなったり、**乳《ち》首《くび》もとてもデリケート**に。ちょっと何《なに》かがあたったり、服《ふく》や下着《したぎ》とこすれるだけでも、刺激《しげき》を受《う》けてかゆくなったり、痛《いた》く感《かん》じたりすることがあるものです。こすれや刺激《しげき》を防《ふせ》ぐためにも、**自分《じぶん》の胸《むね》のサイズに合《あ》ったブラジャーをつけて**おいて。アトピーやかぶれやすい肌《はだ》の場合《ばあい》、かゆくてかいてしまうと、乳首《ちくび》がジュクジュクすることが。かゆみがひどいときはかかりつけのお医者《いしゃ》さんか皮膚科《ひふか》に相談《そうだん》を。

Q 胸《むね》がぺったんこでもブラをつけたほうがいい？

A 胸《むね》が成長《せいちょう》し始《はじ》めてるならブラジャーで守《まも》ってあげて

ブラジャーには、おとなの女性《じょせい》が大《おお》きくなった胸《むね》をささえるためのものと、**これから成長《せいちょう》していく胸《むね》を守《まも》るためのもの**と2種類《しゅるい》あります。とくに乳首《ちくび》の先《さき》がチクチクしたり、胸《むね》がかたくて痛《いた》いと感《かん》じるなら、ブラジャーをつけることでチクチクや痛《いた》みをおさえられるはず。

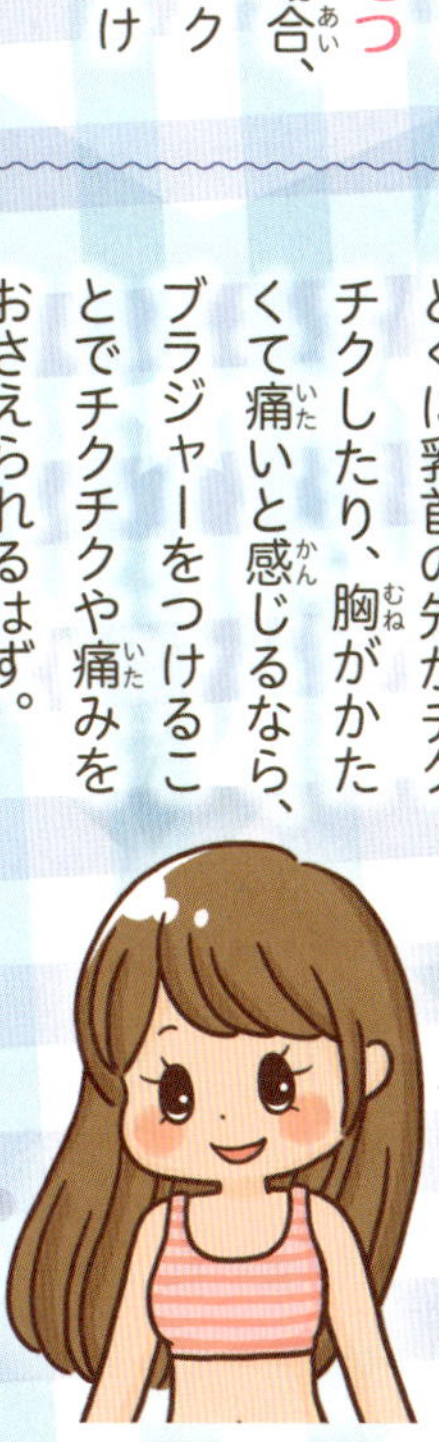

ブラジャー、どうしよう!?

ほんの少《すこ》しでも胸《むね》がふくらんできたら、ブラジャーを用意《ようい》したほうが、気《き》持《も》ちよくすごせるよ。どんなところでどうやって用意《ようい》したらいいのか、前《まえ》もってわかっていると安心《あんしん》だよね。

どこで買《か》うの？

ブラジャーやブラトップなどは、みんながふだん洋服《ようふく》を買《か》っているお店《みせ》やスーパーの下着《したぎ》コーナー、ショッピングモールの中《なか》の下着《したぎ》のお店《みせ》に売《う》っているよ。ジュニア用《よう》のブラジャーがないお店《みせ》でも、胸《むね》を守《まも》るやわらかいカップがついたキャミソールを売《う》っていることもあるよ。

何《なに》色《いろ》を選《えら》ぶ？

ピンクやブルーなどかわいい色《いろ》のブラジャーも気《き》になるよね。でも、白《しろ》いブラウスやT《ティー》シャツを着《き》るときにカラフルなブラジャーをつけていると、すけてしまってはずかしいかも。制服《せいふく》などで白《しろ》い服《ふく》を着《き》ることが多《おお》いなら、白《しろ》やベージュを選《えら》んでおくと安《あん》心《しん》だよ。

家族《かぞく》に言《い》えない！

女性《じょせい》の家族《かぞく》がいない、女性《じょせい》の家《か》族《ぞく》はいるけど「ブラジャーがほしい」と言《い》えないときは、親《しん》せきのおばさんでも、近所《きんじょ》の仲《なか》がいいお姉《ねえ》さんでも、聞《き》きやすい人《ひと》に、いつも下着《したぎ》を買《か》っているお店《みせ》を聞《き》いてみて。学校《がっこう》の保健室《ほけんしつ》の先生《せんせい》や、話《はな》しやすい女性《じょせい》の先《せん》生《せい》に相談《そうだん》してみてもいいよ。

お店《みせ》の人《ひと》に言《い》うのがはずかしい

初《はじ》めてブラジャーを買《か》うときは、おうちの人《ひと》や親《しん》せきの女性《じょせい》につきそってもらうと安心《あんしん》だけど、下着《したぎ》を売《う》っているお店《みせ》なら、お店《みせ》の人《ひと》はみんなブラジャーにくわしい人《ひと》ばかり。あなたの相談《そうだん》にものってくれるよ。話《はな》しやすそうな人《ひと》を選《えら》んで、勇気《ゆうき》を出《だ》して声《こえ》をかけてみよう。

ブラをつけたら肌《はだ》が赤《あか》くなった

汗《あせ》をかいてそのままにしていたり、アトピーやかぶれやすい肌《はだ》の場合《ばあい》、ブラジャーをつけていたところが赤《あか》くなってしまうことが。ブラジャーの下《した》のラインが赤《あか》くなっているなら、サイズが合《あ》っていないのかも。少《すこ》しゆるめのサイズにするか、綿《めん》 100% などの肌《はだ》にやさしいタイプに変《か》えてみよう。

きつい・ゆるい・ひもが下《さ》がってくる

つけているうちに、ブラジャーの肩《かた》ひもがずるずる下《さ》がってきたり、動《うご》くとブラジャーが上《あ》がってしまったり、きつかったり、つけていて気《き》になるところがあるのは、サイズが合《あ》っていないのかも。P.74 の「サイズのはかり方《かた》」を見《み》て、自分《じぶん》に合《あ》ったブラジャーを買《か》うようにしてね。

サイズのはかり方《かた》

ブラジャーのサイズが自分《じぶん》の体《からだ》に合《あ》ったものでないと、動《うご》くたびにブラジャーがずれてしまったり、かゆみや痛《いた》みが出《で》ることも。胸《むね》が大《おお》きくなってきたら、サイズをはかって買《か》うようにしましょう。下着《したぎ》のお店《みせ》ではかってもらうこともできますが、自分《じぶん》でトップバストとアンダーバストをはかって、サイズを調《しら》べることもできます。

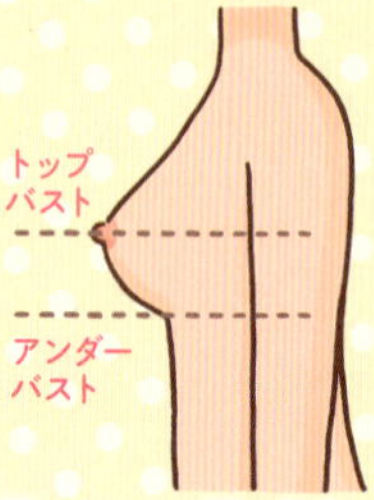

胸《むね》のいちばん高《たか》い位置《いち》がトップバスト、胸《むね》の下《した》のふくらみが終《お》わるところがアンダーバスト。キャミソールなどうすい服《ふく》1枚《まい》になって、それぞれのサイズをはかってみてね。

アンダーバストのサイズ

サイズ	アンダーバストの範囲《はんい》（cm）
65	62.5 ～ 67.5
70	67.5 ～ 72.5
75	72.5 ～ 77.5
80	77.5 ～ 82.5
85	82.5 ～ 87.5

ブラジャーの表示《ひょうじ》

サイズ
アンダーバスト　75
バスト　85

A75

カップのサイズ

トップとアンダーの差《さ》（カップ）	アンダー	65	70	75	80
約《やく》 7.5cm（AA カップ）	トップバスト	73	78	83	88
	呼《よ》び方《かた》	AA65	AA70	AA75	AA80
約《やく》 10.0cm（A カップ）	トップバスト	75	80	85	90
	呼《よ》び方《かた》	A65	A70	A75	A80
約《やく》 12.5cm（B カップ）	トップバスト	78	83	88	93
	呼《よ》び方《かた》	B65	B70	B75	B80
約《やく》 15.0cm（C カップ）	トップバスト	80	85	90	95
	呼《よ》び方《かた》	C65	C70	C75	C80

ブラジャーはカップのサイズとアンダーバストのサイズで選《えら》びます。

カップのサイズは、トップバストのサイズからアンダーバストのサイズを引《ひ》き算《ざん》した数字《すうじ》です。

こんなブラから始《はじ》めよう

ステップ1 バストのトップがふくらんできた

乳首《ちくび》がチクチクしたり、こすれたりしないように内側《うちがわ》がやわらくて、ふわふわした素材《そざい》でできているよ。胸《むね》をしめつけずに、ふんわり包《つつ》みこんでくれるのが特《とく》ちょう。キャミソールやタンクトップとブラジャーの間《あいだ》のようなイメージ。

ステップ2 バストが全体的《ぜんたいてき》にふくらんできた

ブラジャーをつけるのはまだはやい気《き》がするけど、ふくらんできた胸《むね》が気《き》になるならジュニアブラジャーを。見《み》た目《め》はブラトップに似《に》ているけど、胸《むね》があたるところにやわらかいクッションのようなパッドがついていて胸《むね》を守《まも》ってくれるよ。

ステップ3 かなりおとなって感《かん》じにふくらんできた

胸《むね》のふくらみがはっきりわかるくらいになってきたら、しっかりサポートしてくれるブラジャーに。でも、まだまだ胸《むね》が成長《せいちょう》しているとちゅうだから、おとな用《よう》のワイヤー入《い》りのものではなく、ジュニア用《よう》のやわらかいワイヤーやノンワイヤーのものがつけやすいよ。

商品協力：株式会社ワコール　※掲載商品は時期によりお取り扱いのない場合もあります。

心《こころ》も体《からだ》もなやみが多《おお》い

あ
健《けん》人《と》くんのこと見《み》てたんじゃなーい？
えっ ちがうよー
かくすな かくすな
健《けん》人《と》くん いいと思《おも》うよ！
わたしはタクくんのほうが好《す》きだけど！
好《す》き!?
好《す》きって…
どういう意《い》味《み》で？
ラブって意《い》味《み》だよー
ラブーー!?
いや わたしは そんなんじゃ ないし！
そうかなあ？
でもさ
なやみは多《おお》いよね
フフ…

なやみ？
うん
なんか急《きゅう》にいろいろ気《き》になってきてね
胸《むね》が大《おお》きいとか小《ちい》さいとか
タクくんは自分《じぶん》より背《せ》が高《たか》い女《おんな》の子《こ》はきらいかなあとか
あっ　それわかる！わたしもそう思《おも》った！
ほら　やっぱり健人《けんと》くんのこと意識《いしき》してるんじゃない？
そうかなあ…

ぽわ〜ん
健人《けんと》くんのこと見《み》てたら…
サッカーしてるときはかっこいいし算数《さんすう》も得意《とくい》だしあとやっぱりやさしいよね
美優《みゆう》ちゃんわたしやっぱり健人《けんと》くんのこと…
ん?
ど どうしたの美優《みゆう》ちゃん!
プル
プル
か かゆい…
かゆい?
アソコが…
アソコって…?
おまたが…かゆいよー!
陽菜《ひな》どうしよう!?
えええーっ!?

おまたのおなやみ Q&A

思春期《ししゅんき》の体《からだ》では、おまたもおとなに近《ちか》づくことでいろいろな変化《へんか》が。今《いま》までとちがったことが起《お》きてなやむことも。

Q

おまたがかゆい！トイレに行《い》くと痛《いた》い！

A

下着《したぎ》にかぶれたり、おまたの洗《あら》いすぎが原因《げんいん》になることも

おまたがかゆいのは下着《したぎ》でかぶれていることがあり、綿《めん》100％のショーツに変《か》えるとよくなることが。それから、おまたを洗《あら》いすぎたせいでかゆくなることがあります。洗《あら》いすぎるとおまたを傷《きず》つけたり、おまたを守《まも》るいい菌《きん》も減《へ》らしてしまいます。もともとおまたにいるカンジダ菌《きん》という菌《きん》が、体《からだ》が弱《よわ》ったときに増《ふ》えると、おまたがかゆくなったり、白《しろ》いカスのようなお

りものが出《で》ることがあります。また、ぎょう虫《ちゅう》がいるとおしりのほうがかゆくなり、毛《け》じらみがいると白《しろ》いショーツに赤黒《あかぐろ》いプツプツがつくようになります。ぎょう虫《ちゅう》は小児科《しょうにか》で、カンジダ菌《きん》と毛《け》じらみは産婦人科《さんふじんか》・婦人科《ふじんか》で薬《くすり》をもらうことで治《なお》ります。P.84を見《み》て正《ただ》しいおまたのお手入《てい》れをしてくださいね。

おまたの痛《いた》みは病気《びょうき》ではなく、「体《からだ》が弱《よわ》っていておまたがはれて痛《いた》い」「おまたに傷《きず》がついたせいで痛《いた》い」ということもあります。3、4日《か》様子《ようす》をみているとよくなるようなら病気《びょうき》ではないということ。「1週間《しゅうかん》たっても痛《いた》いのが変《か》わらない」「じっとしていても痛《いた》い」「すわっていられないほど痛《いた》い」というときは、おまたにバイキンが入《はい》っているのかも。病院《びょういん》で薬《くすり》をもらったほうがいいです。産婦人科《さんふじんか》・婦人科《ふじんか》でみてもらいましょう。

ネイルには気《き》をつけて！

ネイルをしている指《ゆび》でおまたにさわると、ネイルについたホコリやゴミの中《なか》にいるバイキンがおまたについて、かゆみや痛《いた》みが出《で》ることが。とくにデコったネイルはデコボコしていて、ホコリやゴミがつきやすいもの。

お風呂《ふろ》でおまたを洗《あら》うときは、さわる前《まえ》に必《かなら》ずネイルした部分《ぶぶん》に強《つよ》めのシャワーをかけて、ホコリを落《お》としておいて。また、デコったネイルの一部《いちぶ》が膣《ちつ》の中《なか》に入《はい》ってしまうことも。とれそうなものははずしてからおまたをさわってください。

Q

性器《せいき》の形《かたち》がヘンかも。左右《さゆう》の大《おお》きさもちがう!?

A

目《め》や耳《みみ》と同《おな》じで左右《さゆう》同《おな》じ形《かたち》ではないのがふつう

体《からだ》が成長《せいちょう》してくると、おまたの形《かたち》も変《か》わってきて、「小陰唇《しょういんしん》」というヒダの部分《ぶぶん》（P.84を見《み》てね）も大《おお》きくなって広《ひろ》がってきます。それに気《き》づいて「形《かたち》がヘンかも?」と思《おも》ってしまうかもしれません。左右《さゆう》でちがうのも、目《め》や耳《みみ》をよく見《み》ると左右《さゆう》まったく同《おな》じ大《おお》きさや形《かたち》でないのと同《おな》じです。高校生《こうこうせい》くらいまでは、おまたの形《かたち》も成長《せいちょう》しているとちゅう。そのうち右《みぎ》と左《ひだり》でヒダの大《おお》きさもだいたいそろってくるので、様子《ようす》をみていてください。

顔《かお》と同《おな》じで、おまたの形《かたち》もひとりひとりちがうのがあたりまえ。ほかの人《ひと》とおまたの形《かたち》がちがっても、びっくりしなくてだいじょうぶ。

ただ、ヒダが片方《かたほう》だけ大《おお》きくて「下着《したぎ》がこすれて痛《いた》い」「自転車《じてんしゃ》に乗《の》るとこすれる」というときは赤《あか》くはれてしまうこともあるかも。「すわるとおまたのどこかがあたって痛《いた》い」「ショーツからおまたの一部《いちぶ》がはみでてしまう」というときも病気《びょうき》ではありませんが、生活《せいかつ》しづらいですよね。産婦人科《さんふじんか》・婦人《ふじん》科《か》で相談《そうだん》をして、どうしたらいいかいっしょに考《かんが》えてもらいましょう。

Q 性器《せいき》の色《いろ》が濃《こ》いみたいなんだけど

A 女性《じょせい》ホルモンが働《はたら》くとみんな濃《こ》くなっていくもの

おまたの内側《うちがわ》の色《いろ》は、小《ちい》さい子《こ》どものころはピンクっぽい色《いろ》ですが、体《からだ》が成長《せいちょう》して卵巣《らんそう》から出《で》る**女性《じょせい》ホルモンの量《りょう》が多《おお》くなると黒《くろ》っぽく変《か》わっていく**のがふつうです。「おまたの色《いろ》が前《まえ》より濃《こ》くなってきたかも……」と気《き》になると思《おも》いますが、色《いろ》が濃《こ》くなっているのは、あなたの体《からだ》の中《なか》で女性《じょせい》ホルモンが働《はたら》いている大事《だいじ》なサインです。おとなの女性《じょせい》に近《ちか》づいているということなので、心配《しんぱい》しなくてだいじょうぶ。

Q おまたにおできができて痛《いた》いのは病気《びょうき》？

A 痛《いた》みが強《つよ》いときは病院《びょういん》で薬《くすり》をもらって

おまたのおしりに近《ちか》い部分《ぶぶん》に、大《おお》きめのできものができて痛《いた》みがあるときは、バルトリン腺《せん》という穴《あな》にバイキンが入《はい》ってしまったのかも。薬《くすり》を飲《の》んだほうがいいので、産婦人科《さんふじんか》・婦人科《ふじんか》で相談《そうだん》を。ほかにも、おできが赤《あか》くはれていたり、すわっていられないくらい痛《いた》かったり、数《かず》がどんどん増《ふ》えていくときは、病院《びょういん》で薬《くすり》をもらうサインです。1週間様子《しゅうかんようす》をみて、治《なお》らなければ、産婦人科《さんふじんか》・婦人科《ふじんか》に。

おまたのお手《て》入《い》れは？

おまたが汗《あせ》でむれて悪《わる》いバイキンが増《ふ》えると大変《たいへん》！　きちんと洗《あら》って清《せい》潔《けつ》にしたほうがいいけど、ゴシゴシ洗《あら》いすぎるのもトラブルの原因《げんいん》に。ちょうどいい洗《あら》い方《かた》をおぼえておこうね。

おまたを洗《あら》うときは

強《つよ》くシャワーをあてない

おまたを洗《あら》うときは、弱《よわ》めのシャワーをおまたにかけながら。ゴシゴシ強《つよ》く洗《あら》ったり、強《つよ》いシャワーをあてなくてもちゃんと汚《よご》れはとれているので安《あん》心《しん》して。膣口《ちつこう》は傷《きず》つきやすいので、中《なか》に指《ゆび》を入れないでね。

石《せっ》けんは刺激《しげき》が弱《よわ》いものを

体《からだ》を洗《あら》うボディソープや石《せっ》けんはおまたへの刺激《しげき》が強《つよ》すぎて、おまたがかぶれてしまうことが。お湯《ゆ》だけでも汚《よご》れは落《お》ちるけど、石《せっ》けんを使《つか》うなら刺激《しげき》が弱《よわ》めなものにしてね。

指《ゆび》のはらでやさしく

おまたを洗《あら》う前《まえ》はお湯《ゆ》で手《て》を洗《あら》って。指先《ゆびさき》ではなく、指《ゆび》のはらを使《つか》って、おまたのヒダの部分《ぶぶん》を傷《きず》つけないようにやさしく汚《よご》れを落《お》としていきます。

おまた（性器《せいき》）はこうなっている

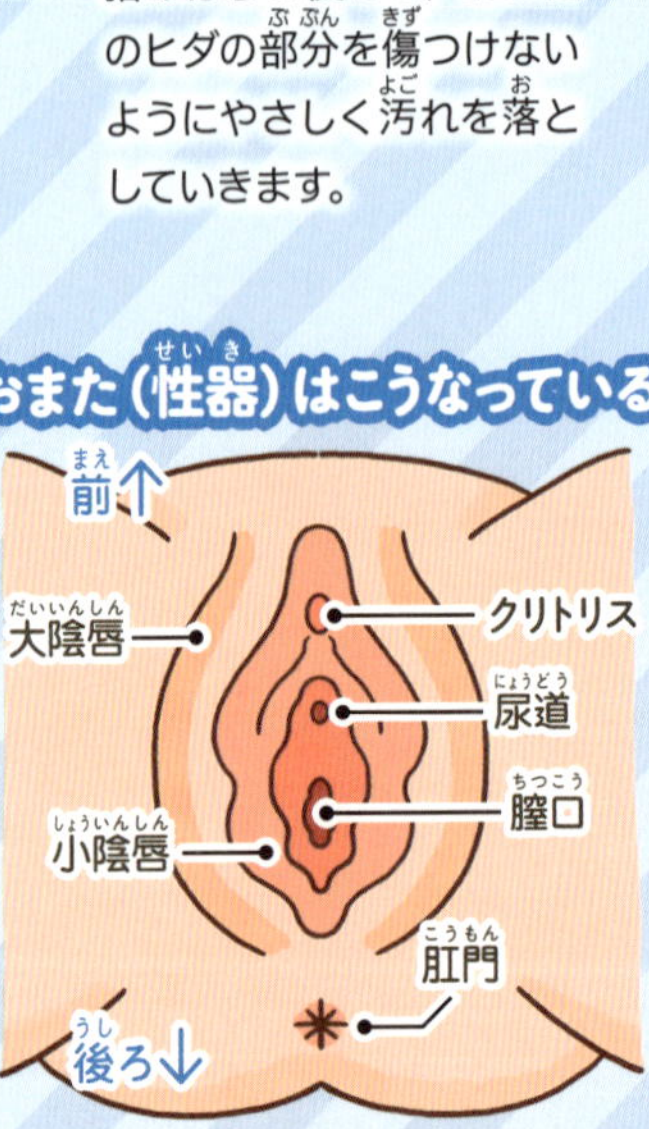

おまたをさわりたくなったら

好《す》きな男《おとこ》の子《こ》のことを考《かんが》えたときや、エッチなことを考《かんが》えたときに、おまたがムズムズモゾモゾして、さわりたくなる気持《きも》ちになるのは女性《じょせい》ホルモンが働《はたら》いているから。おかしいことではないよ。自分《じぶん》のおまたを指《ゆび》などでさわって「気持《きも》ちいい」と感《かん》じることもカラダとなかよくするためのこと。ただ、手《て》にはバイキンがついているので、おまたをさわる前《まえ》は必《かなら》ず石《せっ》けんで手《て》を洗《あら》って、人《ひと》に見《み》られない自分《じぶん》の部屋《へや》などでやろうね。

病院《びょういん》に行《い》くめやすって？

おまたが「なんだかおかしいな」と思《おも》ったとき、そのままにしておくとこわい病気《びょうき》になったり、痛《いた》い思《おも》いをしたりすることも。おまたのことをだれかに相談《そうだん》するのははずかしいと思《おも》うけど、下《した》のような症状《しょうじょう》があるときは、おうちの人《ひと》に相談《そうだん》して産婦人科《さんふじんか》・婦人科《ふじんか》で薬《くすり》をもらったほうが早《はや》く治《なお》るよ。

- じっとしていてもおまたが痛《いた》い
- ビリッとした痛《いた》みがある
- 強《つよ》いかゆみがあって、どんどんひどくなっている
- できものやイボみたいなものができて１週間《しゅうかん》たってもまだある
- おまたが赤《あか》くはれていて、熱《ねつ》っぽいのが何日《なんにち》も続《つづ》く

見《み》た目《め》のなやみ

ニキビ!!
やだー!
ううう…
やっとあのかゆみがおさまったのにー
ぐっ
ぴーん
痛《いた》そうだね…
早紀《さき》ちゃんに治《なお》し方《かた》聞《き》いておいてあげるよ
わたしも肌《はだ》あれが気《き》になるー
わい
わい
わたしはやせたいー
わたしは毛《け》ぶかいしー

あ 見《み》て 2組《くみ》のさくらちゃんだよ
さくらちゃんって プチガーリーの モデルやってるんだってね
プチ ガーリー
さくらちゃん やせてるなー
背《せ》も 高《たか》いしねー
うらやまし～い

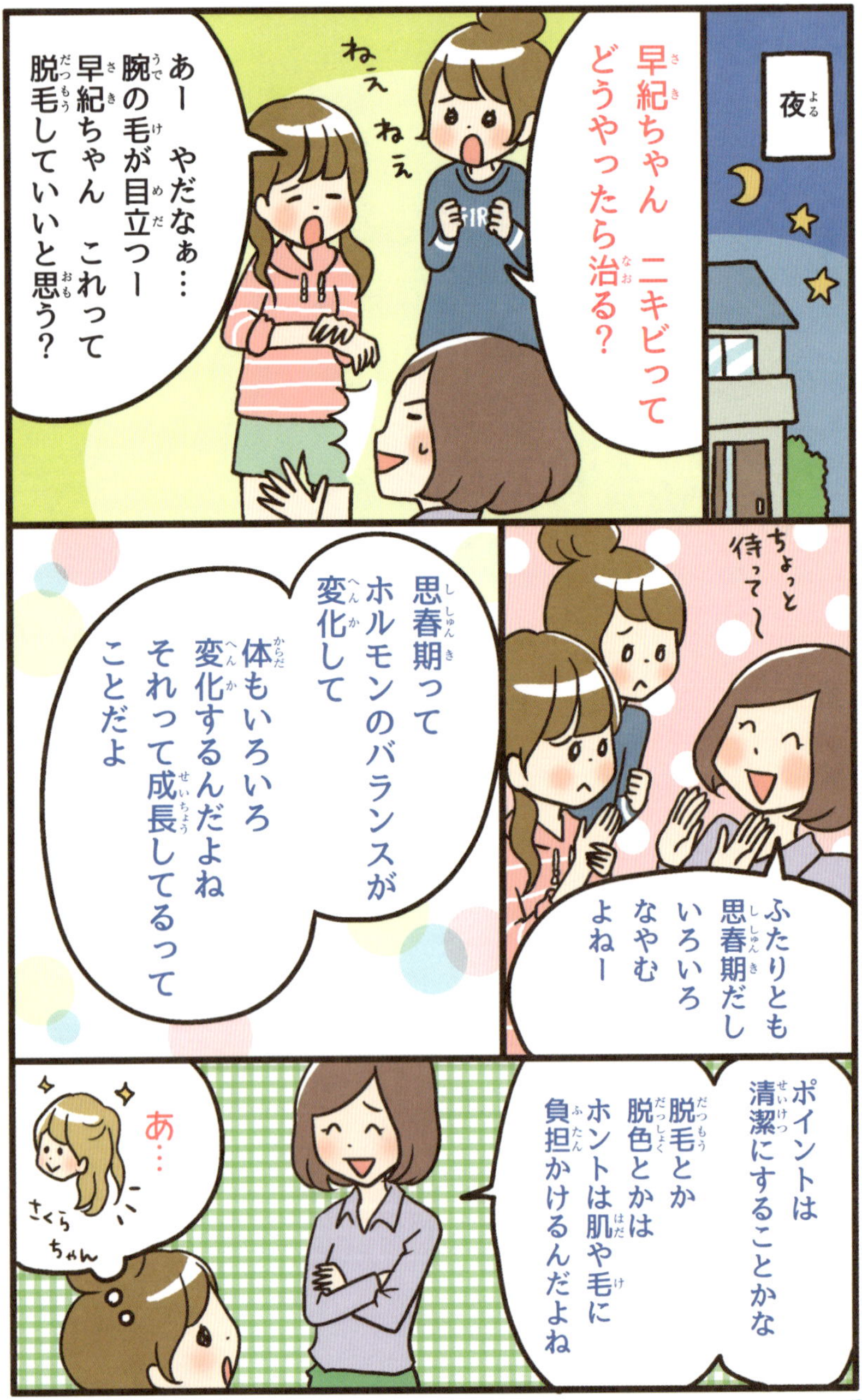

夜《よる》
早紀《さき》ちゃん ニキビって どうやったら治《なお》る?
ねぇ ねぇ
あー やだなぁ… 腕《うで》の毛《け》が目立《めだ》つー 早紀《さき》ちゃん これって 脱毛《だつもう》していいと思《おも》う?
ちょっと待って〜
ふたりとも 思春期《ししゅんき》だし いろいろ なやむ よねー
思春期《ししゅんき》って ホルモンのバランスが 変化《へんか》して 体《からだ》もいろいろ 変化《へんか》するんだよね それって成長《せいちょう》してるって ことだよ
ポイントは 清潔《せいけつ》にすることかな 脱毛《だつもう》とか 脱色《だっしょく》とかは ホントは肌《はだ》や毛《け》に 負担《ふたん》かけるんだよね
あ…
さくらちゃん

そしたら カラーリングとか お化粧《けしょう》とか よくないのかな?
GIRL
そうだね なにか特別《とくべつ》な 理由《りゆう》があったら しかたないけど
どっちも肌《はだ》や 髪《かみ》の毛《け》に よくないからね
化粧水《けしょうすい》とか 日焼《ひや》けどめは いいよね?
化粧水
日焼けどめ
寝《ね》る前《まえ》の化粧水《けしょうすい》や 日《ひ》ざしが強《つよ》いときの 日焼《ひや》けどめは賛成《さんせい》!
見《み》た目《め》のなやみは とってもよく わかるけど
ティーンに合《あ》った 解決法《かいけつほう》を 見《み》つけようね!

肌《はだ》あれ・ニキビが気《き》になる

気《き》になってついさわっちゃったり、かくしたりしたくなるけど……。

手《て》や髪《かみ》がニキビにさわらないよう清潔《せいけつ》にしておきましょう

思春期《ししゅんき》になると、肌《はだ》のバリアをする「皮脂《ひし》」の量《りょう》が多《おお》くなって毛穴《けあな》をふさぎ、そこにアクネ菌《きん》という菌《きん》が増《ふ》えるとニキビができてしまいます。生理前《せいりまえ》は女性《じょせい》ホルモンのバランスがくずれてニキビが出《で》やすくなることも。

ニキビがひどくならないようにするには顔《かお》をやさしく洗《あら》って清潔《せいけつ》にすること。気《き》になるからと手《て》でさわると、ニキビがひどくなります。ニキビをつぶすとあとが残《のこ》るのでとにかくさわらないことが大切《たいせつ》。髪《かみ》の毛《け》もニキビにかからないようにしておいて。お菓子《かし》の食《た》べすぎや、寝不足《ねぶそく》もニキビが増《ふ》える原《げん》因《いん》になるので気《き》をつけましょう。

みんなのギモン・しつもん相談室《そうだんしつ》 2

!? メイクをしてみたい！

おとなの女性《じょせい》みたいなばっちりメイク。あこがれるけどちょっと待《ま》って！

思春期《ししゅんき》の肌《はだ》がボロボロになっちゃうことも

ニキビができやすい思春期《ししゅんき》は、メイクが毛穴《けあな》をふさいで、ニキビがひどくなってしまうことも。肌《はだ》にはタイプがあり、自分《じぶん》の肌《はだ》に合《あ》わない化粧品《けしょうひん》を使《つか》うと「目《め》のメイクをしたらまぶたがはれちゃった！」「くちびるがぱんぱんになっちゃった！」など、かぶれてトラブルが起《お》きることもあります。

思春期《ししゅんき》の肌《はだ》はあまりメイクに向《む》いてないのが本当《ほんとう》のところ。今《いま》は色《いろ》つきのリップクリームくらいで、メイクの勉《べん》強《きょう》は高校生《こうこうせい》くらいになってからでいいかも。学校《がっこう》のルールでメイク禁止《きんし》の場合《ばあい》は守《まも》りましょう。

!? カラーリングしたい！

髪《かみ》の毛《け》を染《そ》めるのも、化粧品《けしょうひん》を使《つか》うのと同《おな》じことが起《お》きやすいです。

頭皮《とうひ》がびんかんな思春期《ししゅんき》はかぶれて大変《たいへん》なことになる場合《ばあい》も

思春期《ししゅんき》の肌《はだ》がびんかんで化粧品《けしょうひん》にかぶれやすいのと同《おな》じで、髪《かみ》の毛《け》がはえている「頭皮《とうひ》」もびんかん。カラーリングに使《つか》う薬剤《やくざい》で頭皮《とうひ》がかぶれて、つらい思《おも》いをすることも。カラーリングは髪《かみ》の毛《け》がいたむので、はやい年齢《ねんれい》で髪《かみ》がぬけてうすくなってしまうキケンもあります。おうちの人《ひと》が使《つか》ったカラーリング剤《ざい》が家《いえ》にあまっているとためしたくなりますが、高校生以上《こうこうせいいじょう》になるまでは、大事《だいじ》な髪《かみ》を守《まも》るため、少《すこ》し待《ま》ってみてください。

高校生以上《こうこうせいいじょう》になってカラーリングするときも、生理中《せいりちゅう》は頭皮《とうひ》がびんかんになるので、やめておいて。

体の毛が気になる

体のあちこちの毛が増える思春期。気になりだすと止まらない！

よけい毛ぶかく見える!?

腕の毛
気になるな〜

そろうっと

足も…

思春期に合ったお手入れは専用グッズで「そる」こと

思春期になると、わきの下やおまた、腕や脚のすねに毛がはえてきます。「ムダ毛」なんてよばれることも。

わきの下の毛はのばしっぱなしにするとむれてニオイも出やすくなるので、ムダ毛専用グッズでお手入れするといいです。脱毛クリームや脱毛ワックス、脱色テープなどもありますが、思春期の肌には刺激が強すぎることも。中学生までは肌がかぶれにくいムダ毛用のカミソリや電動シェーバーでそるのがおすすめ。ムダ毛をそると濃くなったように見えることがありますが、そった毛の断面が広く見えて濃くなった気がするだけなので、安心してください。

ダイエットしたい！

自分《じぶん》の体型《たいけい》が気《き》になるのも思春期《ししゅんき》ならでは。でもダイエットは待《ま》って！

食《た》べないダイエットは体《からだ》のトラブルの原因《げんいん》に

かわいくて人気《にんき》のある女《おんな》の子《こ》がスリムな体型《たいけい》だと「わたしもやせてかわいくなりたい！」と思《おも》ってしまいますよね。でも「食《た》べない」ダイエットをすると、栄養不足《えいようぶそく》になって、せっかく始《はじ》まっていた生理《せいり》がストップしてしまうことが。生理《せいり》がこなくなると、おとなの女性《じょせい》へと体《からだ》を変化《へんか》させていた女《じょ》性《せい》ホルモンの働《はたら》きも弱《よわ》まり、「胸《むね》が大《おお》きくならない」「髪《かみ》の毛《け》がぬける」などのトラブルも起《お》きて、つらい思《おも》いをすることに。女性《じょせい》の体《からだ》へと成長《せいちょう》するときは、体全体《からだぜんたい》がふっくらするのがふつう。太《ふと》りすぎていることはほとんどありません。

背《せ》が高《たか》い・低《ひく》いのがイヤ！

みんなより背《せ》が高《たか》い子《こ》も、低《ひく》い子《こ》も、それぞれになやみがあるもの。

身長《しんちょう》がのびるスピードは人《ひと》それぞれ

人《ひと》によって身長《しんちょう》がたくさんのびる時期《じき》がちがいます。小学《しょうがく》5年《ねん》で身長《しんちょう》が高《たか》い子《こ》もいれば、中学《ちゅうがく》3年《ねん》で身長《しんちょう》がのび始《はじ》める子《こ》も。寝《ね》る時間《じかん》がおそいと、身長《しんちょう》をのばす成長《せいちょう》ホルモンの働《はたら》きが弱《よわ》くなりやすいので、身長《しんちょう》が気《き》になるなら、できれば夜《よる》10時《じ》までに、おそくても夜《よる》12時《じ》までに寝《ね》たほうがいいです。

小学生《しょうがくせい》で身長《しんちょう》が高《たか》いと目立《めだ》ってはずかしいことも。でも、気《き》にして背中《せなか》を丸《まる》めているより、シャキッと姿勢《しせい》がいいほうがキレイに見《み》えるもの。からかわれてイヤな思《おも》いをしたら「悲《かな》しいからやめて」と伝《つた》えましょう。

⁉ ベンピが気になる

何日もうんちが出ていないと、体も心もすっきりしなくてつらい！

すっきり～

TOILET

ジャー

もう 3日も 出ない…
朝、水を 飲んで…
野菜を 食べよう

**水分や食事、体操で
ベンピがよくなることも**

おなかがふくらんでいる気がしたり、おなかがはっている感じがするときは、うんちが腸にたまって「ベンピ」になっているのかも。毎日出なくてもいいですが、3日に1回くらいはバナナのような細長いうんちが出るほうがいいです。

「水を1日500mlペットボトル1本分は飲む」「ごはんや野菜を多めに食べる」「ラジオ体操の体をねじる動きをゆっくり10回くらいする」などを心がけるとうんちが出やすくなります。それでも出なくておなかが痛いときは、子どもの体にやさしい整腸剤の薬を飲んでみるか、かかりつけのお医者さんに相談してみましょう。

ピアスやタトゥーがしたい！

カッコよく見《み》えるかもしれないけど、とりかえしがつかないことも。

子《こ》どもがやるにはキケンなことが多《おお》すぎます

ピアスは、バイキンが入《はい》らないように病院《びょういん》で穴《あな》を開《あ》けてもらって、その後《ご》1カ月《げつ》はこまめに消毒《しょうどく》をします。おとなでもケアが大変《たいへん》ですし、金属《きんぞく》にかぶれてトラブルが起《お》きることも。ピアスは高校生《こうこうせい》以上《いじょう》になって、自分《じぶん》でこまめなケアができるようになってから考《かんが》えてみてください。

タトゥーは肌《はだ》を傷《きず》つけて、模様《もよう》や文《も》字《じ》を入《い》れるので、痛《いた》いです。肌《はだ》が弱《よわ》いと皮膚炎《ひふえん》や感染症《かんせんしょう》になることも。

今《いま》の日本《にほん》ではタトゥーがあると、温泉《おんせん》や銭湯《せんとう》もことわられ、進学《しんがく》や就職《しゅうしょく》にえいきょうすることもあるんです。

めぐみ先生《せんせい》からメッセージ

思春期《ししゅんき》のカラダって…

思春期《ししゅんき》は、「自分《じぶん》がどう見《み》られているか」が気《き》になってくる時期《じき》なので、カラダのことで気《き》になることやなやんじゃうことがいっぱいあると思《おも》います。

服《ふく》やお化粧《けしょう》などのおしゃれもしてみたくなりますよね。「魅力的《みりょくてき》な子《こ》になりたい！」と思《おも》う気持《きも》ちは大事《だいじ》なことです。

自分《じぶん》の見《み》た目《め》が気《き》になるのは、おとなへと成長《せいちょう》し始《はじ》めているサイン。

あなただけではなく、みんなそれぞれ、カラダのなやみがあるものなんです。

ただ、思春期《ししゅんき》のカラダは、おとなへと変《か》わっていくとちゅうなので、とっても不安定《ふあんてい》。

肌《はだ》のトラブルが起《お》きやすいし、やせようとしてダイエットをしてしまうと生理《せいり》が止《と》まってしまうこともあります。

せっかく生《う》まれてきた、世界《せかい》でたったひとりの大事《だいじ》なあなたのカラダ。おとなへと変《か》わる時期《じき》はとくに大事《だいじ》にしてあげて。

「胸《むね》の大《おお》きさが気《き》になる」「ニキビが気《き》になる」などカラダのいろんななやみが出《で》てきたときは、この本《ほん》に書《か》いてあることを読《よ》み直《なお》してみてください。

そして、ひとりでなやんでしまうときには、相談《そうだん》しやすいおとなの女性《じょせい》に相談《そうだん》してみてもいいんです。

今《いま》のおとなの女性《じょせい》だって、あなたと同《おな》じ思春期《ししゅんき》の時期《じき》があったのですから、どんななやみがあったのか教《おし》えてもらうのも参考《さんこう》になりますよ。

コラム すっきり洗顔《せんがん》でお肌《はだ》つるつる！

1 髪《かみ》をまとめて洗顔料《せんがんりょう》を泡立《あわだ》てる

洗《あら》うときに髪《かみ》がぬれないように、前髪《まえがみ》はヘアーバンドやヘアクリップでおさえる。洗顔料《せんがんりょう》にお湯《ゆ》を加《くわ》えて、しっかり泡立《あわだ》てて。泡《あわ》がもこもこになるまで泡立《あわだ》てるよ。

2 くるくる円《えん》をかくようにやさしくなでて洗《あら》う

顔《かお》の中心《ちゅうしん》から外側《そとがわ》に向《む》かって、指先《ゆびさき》でくるくる小《ちい》さな円《えん》をかくように洗《あら》っていくよ。力《ちから》を入《い》れてゴシゴシ洗《あら》う必要《ひつよう》はナシ。やさしくなでるような気持《きも》ちで。

3 きれいなタオルでおさえて顔《かお》をふく

水《みず》かぬるま湯《ゆ》でよく泡《あわ》を流《なが》す。泡《あわ》が残《のこ》っていると肌《はだ》あれの原因《げんいん》になるからしっかり流《なが》してね。清潔《せいけつ》なタオルでポンポンとおさえるように顔《かお》についた水滴《すいてき》をとるよ。

4 化粧水《けしょうすい》などで顔《かお》の水分《すいぶん》をプラス

洗顔後《せんがんご》、肌《はだ》がつっぱるようなら化粧水《けしょうすい》をつけても。手《て》のひらでおさえるようにして、化粧水《けしょうすい》を肌全体《はだぜんたい》にしみこませるといいよ。

パート3

異性《いせい》が気《き》になる！これって恋《こい》？

女《おんな》の子《こ》も男《おとこ》の子《こ》も、
ココロもカラダも変《か》わっていって、おたがいに
意識《いしき》する時期《じき》。恋《こい》から発展《はってん》していくことって……!?

異性《いせい》に好《す》かれたい

美優《みゆう》ちゃん
どうしたの？
はーはー
あのね
タクくんね
みみシロの
ナナちゃんが
好《す》きなんだって
Nana
ナナちゃんって
すごく小さくて
細いし、かわいいし…
わたしとは
正反対《せいはんたい》だよね
ユッサ
ユッサ
でもそれって
好《す》きな芸能人《げいのうじん》でしょ？
うん…
でもタクくんに
好《す》かれるには
タイプを知《し》っておいた
ほうがいいでしょ
そうかぁ…
健人《けんと》くんは好《す》きな
タイプってあるのかな？

ねーねー 男子《だんし》ってさぁ 好《す》きな有名人《ゆうめいじん》とかいるの？
う〜ん
ぷあぞん かな！ あと ロナウロ
おれも ぷあぞん!!
ガクゼン
聞《き》いたわたしが ばかだった…
陽菜《ひな》 やっぱり 健人《けんと》くんのこと 好《す》きなんだぁ♥ 恋《こい》だ 恋《こい》♥
コン ッ
これって恋《こい》 なのかなあ？
？ ？
ねえ 真菜姉《まなねえ》って カレシいるの？
GIRL

な…
なにとつぜん!? 一応《いちおう》いるけど…
それってどうやってカノジョになったの?
えーっ… わたしから告白《こくはく》したんだよ
はずかしいけど
そうなの!?
思春期《ししゅんき》の男子《だんし》ってココロは女子《じょし》より子《こ》どもっぽいんだよね
カラダは女子《じょし》と同《おな》じで おとなになっていってるけど
うん うん
だから 気持《きも》ちが伝《つた》わらないなあって思《おも》うこともあるよ

プリンあるよー
コンコン
あっ 早紀《さき》ちゃんにも 聞《き》いてみたら? カレシの話《はなし》
なあに 陽菜《ひな》ちゃん カレシがいるの?
カレシとかじゃないよ! ちょっと気《き》になる 男子《だんし》がいて…
やさしいし わたしの苦手《にがて》な 算数《さんすう》やサッカーが得意《とくい》で かっこいいなあって
見《み》ていると ドキドキして もっと話《はな》したいなあって思《おも》う… 健人《けんと》くんは どんな女《おんな》の子《こ》が 好《す》きなのかなあって
それは もう恋《こい》だね♥
やっぱり そうなのかな!?
男《おとこ》の子《こ》を 好《す》きになるのは ちっとも ヘンじゃなくて ステキなことだよ

好《す》きになってほしいから
見《み》た目《め》も中身《なかみ》もステキな
女《おんな》の子《こ》になりたいっていう
気持《きも》ちになるし…
だから　つきあわなくても
片思《かたおも》いをすることで
自分《じぶん》が成長《せいちょう》できたりね
でも　やっぱり
つきあって
いっしょにいたいよね
そうだね
おとなになるにしたがって
女《おんな》の子《こ》も男《おとこ》の子《こ》も
おたがいを好《す》きになって
ふれあって　成長《せいちょう》していくの
いっしょにいたいって
いう気持《きも》ちが大《おお》きくなって
ふたりで生活《せいかつ》できる
年齢《ねんれい》になったら　結婚《けっこん》して
赤《あか》ちゃんが生《う》まれて
またその赤《あか》ちゃんも
成長《せいちょう》していくんだよね
ママとパパに
真菜《まな》ちゃんと
陽菜《ひな》ちゃんが
いるみたいにね
そうかー
恋《こい》ってステキな
ことなんだね！
GIRL

恋《こい》するってなあに？

思春期《ししゅんき》になると女性《じょせい》ホルモンの働《はたら》きで、ココロにも変化《へんか》が。友《とも》だちや家族《かぞく》とはちがう「好《す》き」の気持《きも》ちがめばえます。

恋《こい》をするだけで毎日《まいにち》がハッピーに！

体《からだ》が成長《せいちょう》して、卵巣《らんそう》から女性《じょせい》ホルモンが出《で》てくると、異性《いせい》である男《おとこ》の子《こ》に興味《きょうみ》が出《で》て、**友《とも》だちを「好《す》き」と思《おも》うのとはちがう「好《す》き」**がめばえます。だれかひとりのことを「見《み》てるだけでドキドキする」「あの人《ひと》のことばかり考《かんが》えて胸《むね》がいっぱいになる」「あの人《ひと》の前《まえ》だとドキドキしてうまくしゃべれない」「あの人《ひと》にわたしのことも知《し》ってほしい」「ずっといっしょにいたい」という気持《きも》ちになったら、それが「恋《こい》をする」ことの始《はじ》まりです。

恋《こい》をすると、それまでとはちがういろんな気持《きも》ちが出《で》てきます。「あの人《ひと》が好《す》きなことはなんだろう？」と相手《あいて》のことを知《し》りたくなって、「あの人《ひと》を喜《よろこ》ばせたいな」と相手《あいて》を大切《たいせつ》に思《おも》う気持《きも》ち。「あの人《ひと》が好《す》きなこと

をわたしも勉強《べんきょう》してみようかな」と、知《し》らなかったことを知《し》るためにがんばる気持《きも》ち。「もっとかわいくなりたい」とおしゃれに興味《きょうみ》が出《で》て、自分《じぶん》の見《み》た目《め》が気《き》になってくる気持《きも》ちなどです。好《す》きな人《ひと》がいるだけで、今《いま》までと同《おな》じはずの毎日《まいにち》が特別《とくべつ》に思《おも》えて、ハッピーな気持《きも》ちでいっぱいになることも。とくに好《す》きな人《ひと》が同《おな》じ学校《がっこう》なら、学校《がっこう》に行《い》くことがとても楽《たの》しくなるでしょう。

恋《こい》のつらさも経験《けいけん》して　ステキなおとなに成長《せいちょう》

でも、恋《こい》することは「うれしい」気持《きも》ちばかりではなく、つらい気持《きも》ちも感《かん》じることに。「好《す》きになってもらいたい！」と思《おも》ってがんばったけれど、失敗《しっぱい》して落《お》ちこむこともあります。好《す》きな人《ひと》となかなかなかよくなれなくて、なやんで悲《かな》しい気持《きも》ちになることもあれば、好《す》きな人《ひと》となかがいい女《おんな》の子《こ》がいると「うらやましい」とイライラするかもしれません。

　好《す》きな人《ひと》にも自分《じぶん》を好《す》きになってもらって、両思《りょうおも》いになるのもとてもむずかしいこと。でも、片思《かたおも》いをしながら、好《す》きな人《ひと》に好《す》きになってもらえるようにがんばったり、困《こま》ったり、なやんだりもして**いろんな気持《きも》ちを経験《けいけん》することで、あなたはもっとキラキラして、ステキなおとなに成長《せいちょう》していきます。**たとえ両思《りょうおも》いになれなくても、恋《こい》をすること自体《じたい》が、すばらしいことなんです。どんどん恋《こい》をしましょう。

　ただし「あの人《ひと》のためならなんでもする！」とムリなダイエットをしたり、ウソをついたり、お金《かね》を使《つか》ってたくさんのものを買《か》って相手《あいて》の気《き》をひこうとするのは、あなた自身《じしん》の魅力《みりょく》を伝《つた》えることになりません。あなたがあなた自身《じしん》を大切《たいせつ》にできるような恋《こい》をしてくださいね。

恋愛《れんあい》ステップ1

好《す》きになる

恋愛《れんあい》ってどんなふうに進《すす》んでいくのかな？　恋愛《れんあい》のステップを紹介《しょうかい》していくね。

恋《こい》するきっかけはいろいろなパターンが

それまではクラスの友《とも》だちのひとりだった男《おとこ》の子《こ》が、**気《き》がつくとほかの人《ひと》とはちがって見《み》える**ことがあります。その人《ひと》のことを見《み》ると急《きゅう》に胸《むね》がドキドキして、はずかしい気《き》持《も》ちになったり、顔《かお》や体《からだ》がカッと熱《あつ》くなることも。

好《す》きになるきっかけは人《ひと》それぞれ。初《はじ》めて会《あ》った瞬間《しゅんかん》に好《す》きになっちゃう「ひとめぼれ」もあれば、スポーツで活躍《かつやく》する瞬《しゅん》間《かん》を見《み》て、「すごいな」と思《おも》ったことから恋《こい》する気《き》持《も》ちがめばえることも。なんでもないきっかけで好《す》きになることもあります。

今《いま》まで経験《けいけん》がない気《き》持《も》ちを経験《けいけん》するかも

好《す》きな人《ひと》ができると、学校《がっこう》や塾《じゅく》など好《す》きな人《ひと》に会《あ》える場所《ばしょ》に行《い》くのが楽《たの》しみになったり、毎日《まいにち》ワクワクすごせるように。

でも楽《たの》しいだけではなく、ときには好《す》きな人《ひと》とうまく話《はな》せなくてイライラしたり、はずかしいところを見《み》られて落《お》ちこむことも。恋《こい》をすると、**今《いま》まではなかったいろんな気《き》持《も》ちを経験《けいけん》**することになります。

恋愛《れんあい》ステップ2

アプローチする

好《す》きな人《ひと》とはもっとなかよくなりたいし、同《おな》じように自《じ》分《ぶん》を好《す》きになってもらいたい。でも、どうすればいいの?

たくさん会話《かいわ》することがなかよくなるきっかけ

好《す》きになった相手《あいて》と、もっとなかよくなって、相手《あいて》にも自分《じぶん》のことを恋愛《れんあい》として好《す》きになってもらうための行動《こうどう》を「アプローチ」といいます。

相手《あいて》とあまり話《はな》したこともないなら、**まずは友《とも》だちになることからスタート。**自分《じぶん》と好《す》きな人《ひと》、どちらのことも知《し》っている友《とも》だちにお願《ねが》いして、みんなで遊《あそ》んだりするきっかけをつくってもらうといいですね。

同《おな》じクラスや塾《じゅく》で、話《はな》すチャンスがあるときは、できるだけたくさん話《はな》すようにして、どんなことが好《す》きなのか、相手《あいて》のことをいっぱい聞《き》きましょう。もしあなたと同《おな》じものが好《す》きなのがわかったら「わたしもそれ好《す》きなんだ!」と伝《つた》えても。同《おな》じものが好《す》きな相手《あいて》とはなかよくなりたいと思《おも》うものですし、次《つぎ》に話《はな》すきっかけにもなります。

相手《あいて》が活躍《かつやく》したときなどは「すごかったね」とほめてあげるのも相手《あいて》からいい印象《いんしょう》を持《も》たれることに。**自分《じぶん》が言《い》われたらうれしいと思《おも》うことを伝《つた》える**と、相手《あいて》もうれしい気持《きも》ちになり、同《おな》じように好《す》きになってもらうことにつながりやすいです。

恋愛《れんあい》ステップ3

告白《こくはく》する

相手《あいて》を好《す》きな気持《きも》ちが大《おお》きくなっていくと、「好《す》き」という気《き》持《も》ちを相手《あいて》に伝《つた》えたくなるもの。どうやって伝《つた》えればいいの？

相手《あいて》の気持《きも》ちを知《し》るには「告白《こくはく》」が近道《ちかみち》

好《す》きな相手《あいて》に「あなたが好《す》きです」と、自分《じぶん》の気持《きも》ちを伝《つた》えるのが「告白《こくはく》」です。恋《こい》をしたら必《かなら》ず告白《こくはく》しなければいけないわけではありません。

でもだんだん好《す》きな人《ひと》となかよくなってきて、もしかしたら相手《あいて》も自分《じぶん》のことを好《す》きでいてくれるかもしれないと感《かん》じるとき、相手《あいて》の気持《きも》ちを知《し》るためには、まず**自分《じぶん》から「あなたのことが好《す》きなんだけど、あなたはわたしのことをどう思《おも》ってる？」と聞《き》いてみる**のがはやいです。

相手《あいて》が自分《じぶん》のことをどう思《おも》っているかはわからないけれど、「好《す》き」の気持《きも》ちが大《おお》きくなって、自分《じぶん》の心《こころ》の中《なか》にしまっておくのがつらいから、告白《こくはく》することもあります。

もしフラれても次《つぎ》にいい恋《こい》ができる

告白《こくはく》して「ほかに好《す》きな人《ひと》がいる」と言《い》われたり、「友《とも》だちとしては好《す》きだけど、恋愛《れんあい》としては好《す》きじゃない」と言《い》われることも。それでも**告白《こくはく》されてうれしくない人《ひと》はいません**。勇気《ゆうき》を出《だ》して気持《きも》ちを伝《つた》えたことで、必《かなら》ずあなたは成長《せいちょう》して、次《つぎ》にもっといい恋《こい》ができるようになるはずです。

恋愛《れんあい》ステップ4

両思《りょうおも》いになる

もし自分《じぶん》が好《す》きな相手《あいて》も自分《じぶん》のことが好《す》きとわかって両思《りょうおも》いになったら、どんな毎日《まいにち》が待《ま》っているのかな?

自分《じぶん》とカレシに合《あ》ったつきあい方《かた》を見《み》つけて

告白《こくはく》をするなどして、自分《じぶん》も相手《あいて》も好《す》きどうしなのがわかると、おつきあいをしてカレシとカノジョの関係《かんけい》になることもあります。学校《がっこう》や塾《じゅく》からいっしょに帰《かえ》ったり、休《やす》みの日《ひ》にデートの約束《やくそく》をしたり、ふたりだけですごす時間《じかん》をできるだけたくさんつくりたくなるでしょう。ただ、**「両思《りょうおも》いになったら、これをしなければいけない」という決《き》まりはありません。**自分《じぶん》と相手《あいて》にとっていちばんいい心地《ここち》いいつきあい方《かた》をしていきましょう。

どんなふうにつきあいたいかが、自分《じぶん》とカレシとで合《あ》わないこともあります。おたがいの考《かんが》え方《かた》がちがうと感《かん》じたら、言《い》いあいになっても話《はな》しあうことで、もっと仲《なか》が深《ふか》まることになります。カレシにきらわれたくないからと、言《い》いたいことをガマンする気持《きも》ちもあるでしょうが、**どちらかがガマンばかりしていると、すぐにうまくいかなくなってしまいます。**

初《はじ》めてのおつきあいはおたがいわからないことが多《おお》くて、すぐに気持《きも》ちが離《はな》れてしまうこともあるかもしれませんが、どんなことも経験《けいけん》は大切《たいせつ》。失敗《しっぱい》したことも、次《つぎ》におつきあいするときに役立《やくだ》つはずです。

デートってどうするの？

「デート」っていっても、どこに行《い》って何《なに》をしたらいいの？

ふたりがいっしょに楽《たの》しめる計画《けいかく》を立《た》てて

デートというとキンチョーしてしまいますが、友《とも》だちと遊《あそ》びに行《い》くのと同《おな》じような気持《きも》ちでOK《オーケー》。家《いえ》の近《ちか》くで映《えい》画《が》を見《み》たり、動物園《どうぶつえん》に出《で》かけたり、ふたりが興味《きょうみ》のあること、楽《たの》しいと思《おも》えることをするのがいいです。

カレシと出《で》かけるのがうれしくて、つい「あれもこれもやりたい！」とよくばってしまうかもしれませんが、男《おとこ》の子《こ》は、女《おんな》の子《こ》とちがって、目的《もくてき》のないショッピングは苦手《にがて》なことが多《おお》いんです。相手《あいて》がやりたいこと、苦手《にがて》なことなど意見《いけん》を聞《き》いてから計画《けいかく》を立《た》てて、自分中心《じぶんちゅうしん》なスケジュールにならないようにしましょう。

!? ケンカしちゃったら？

おたがい好《す》きどうしでもケンカになるもの。もしケンカしちゃったら？

相手《あいて》のいいところを思《おも》い出《だ》してみよう

カレシ、カノジョになると、相手《あいて》は自分《じぶん》のことをぜんぶわかってくれて、自分《じぶん》の思《おも》ったとおりにしてくれると考《かんが》えてしまい、そこがズレるとケンカが起《お》きることもあります。ケンカをしたすぐあとは「もう大《だい》キライ！」と思《おも》うかもしれませんが、少《すこ》し冷静《れいせい》になってから、カレシのいいところ、好《す》きなところを思《おも》い出《だ》してみましょう。するとケンカでイライラした気持《きも》ちも消《き》えていくことが多《おお》いもの。

ケンカをすることでおたがいの本音《ほんね》がわかることも。ケンカを長引《ながび》かせないように、意地《いじ》をはらずにあやまれるようにしたいですね。

!? 友《とも》だちと好《す》きな人《ひと》がかぶった!

友《とも》だちと同《おな》じ人《ひと》が好《す》きだとわかると、ギクシャクしてしまいますよね。

わたし
ダイくんが
好きなんだ….
わたしも!
ガーーン
マミちゃんも同じクラスのダイくんが好きなんだって
どうしよー
となりのクラスのダイくんが好きみたい
ホッ

自分《じぶん》はどうしたいのか ゆっくり答《こた》えを見《み》つけて

仲《なか》のいい友《とも》だちなのに「同《おな》じ人《ひと》を好《す》き」だとわかってしまうと、今《いま》までどおり楽《たの》しくしゃべれなくなることも。ずっと考《かんが》えてしまってつらいなら、あなたの気持《きも》ちをヒミツにしてくれる信《しん》頼《らい》できる友《とも》だちやおうちの人《ひと》に話《はなし》を聞《き》いてもらいましょう。だれかに話《はな》すと、自分《じぶん》がどうしたいのか、気持《きも》ちが整理《せいり》されていきます。

友《とも》だちと今《いま》までどおりにつきあえなくても、好《す》きな人《ひと》をあきらめずにいるのか、好《す》きな人《ひと》をあきらめて、友《とも》だちとなかよくすることを大事《だいじ》にするのか、自分《じぶん》に合《あ》う答《こた》えをゆっくり見《み》つけていきましょう。

好《す》きな人《ひと》ができない

友《とも》だちが好《す》きな人《ひと》の話《はなし》をしてるのに入《はい》れないと、さみしい気持《きも》ちも！

あせらなくていいので 今《いま》は好《す》きなことに夢中《むちゅう》に

好《す》きな人《ひと》がいること、恋《こい》することはすばらしいことですが、恋《こい》は「しよう」と思《おも》ってするものではありません。今《いま》、好《す》きな人《ひと》がいないなら、あなたの好《す》きだと思《おも》うことを楽《たの》しんでいればだいじょうぶ。好《す》きなことを楽《たの》しんでいるあなたは、恋《こい》をするのと同《おな》じように、キラキラ輝《かがや》いて見《み》えますから。

身近《みぢか》な男《おとこ》の子《こ》に好《す》きな人《ひと》がいなくて「芸能人《げいのうじん》やマンガのキャラクターが好《す》き」というのもそのままでOK《オーケー》。そうやって好《す》きなものを楽《たの》しむことを続《つづ》けていれば、いつか自然《しぜん》と、今《いま》までとはちがう恋愛《れんあい》の「好《す》き」の気持《きも》ちがめばえるときがくるはずです。

みんなのギモン・しつもん相談室《そうだんしつ》 5

!? 興味《きょうみ》のない人《ひと》から告白《こくはく》された!

好《す》きじゃない相手《あいて》から告白《こくはく》されたらOK《オーケー》する? ことわる? どうしよう!?

自分《じぶん》は好《す》きでもないのにOK《オーケー》するのはうまくいかない

思《おも》ってもみない男《おとこ》の子《こ》から「好《す》きだ」と告白《こくはく》されたらびっくりですよね。友《とも》だちとして仲《なか》のいい相手《あいて》だと「ことわって気《き》まずくなったら……」となやんでしまうことも。まずは相手《あいて》に「好《す》きになってくれてありがとう」と伝《つた》えましょう。そして、「好《す》きな人《ひと》がいるから告白《こくはく》にはこたえられない」など、あなたの気持《きも》ちを心《こころ》をこめて伝《つた》えてあげてください。

相手《あいて》のことを好《す》きでもないのに「カレシがいる」ということにあこがれて、おつきあいを始《はじ》めてしまうと、気持《きも》ちがすれちがって、うまくいかないことが多《おお》いです。

!? 好《す》きな人《ひと》がたくさんいる！

まわりの男《おとこ》の子《こ》にステキな子《こ》がたくさん。みんな好《す》きなのってヘンかな？

いろいろな人《ひと》の魅力《みりょく》を見《み》つけられるのはいいこと

まわりの男《おとこ》の子《こ》を見《み》て「○○くんはかっこよくて好《す》き。やさしい△△くんも気《き》になる！」と、いろんな人《ひと》にドキドキするのは悪《わる》いことではありません。いろんな人《ひと》を好《す》きになれるのは、あなたがいろんな人《ひと》のいいところを見《み》つけられるから。「絶対《ぜったい》こういう人《ひと》じゃないと好《す》きになれない！」と決《き》めてしまうより、ステキなことです。

ただ、まわりの友《とも》だちに「○○くんも△△くんも好《す》き」と話《はな》してしまうと「好《す》きな人《ひと》がいっぱいいるのはヘン」と思《おも》う友《とも》だちもいるかも。たくさんの人《ひと》を好《す》きな気持《きも》ちは、自分《じぶん》の心《こころ》にしまっておいたほうがいいでしょう。

初《はじ》めてのデート

休《やす》み時間《じかん》
健人《けんと》 日曜日《にちようび》 11時《じ》な！
OK《オーケー》！
ピクッ
なになに どっか 行《い》くの？
ゲーム買《か》いに 健人《けんと》とニャオン モールに 行《い》くんだよ
えっ わたしと 陽菜《ひな》も 行《い》きたい！
ちょうどゲーム 始《はじ》めたいと 思《おも》ってたんだ
ねっ 陽菜《ひな》
う うん
陽菜《ひな》も 来《く》るの？ 別《べつ》に いいけど…
やったー 楽《たの》しみー！

これってデートだよデート♥
デート!?
何《なに》を着《き》て行《い》こうかな…
これは子《こ》どもっぽいし…
どうしよう〜
なにー散《ち》らかして!
あっ 真菜姉《まなねえ》なんか服貸《ふくか》して!
ガチャ
どこか行《い》くの?
あの…ニャオンモールに…
あの…健人《けんと》くんと
えっデートってこと!?
ふたりで!?
ちがうよー美優《みゆう》ちゃんたちと4人《にん》だよ

そっか　なら安心《あんしん》だけど…　あのね　デートって　とても楽《たの》しいけど　わたしはちょっと　心配《しんぱい》もあるんだ
心配《しんぱい》？
そう　女《おんな》の子《こ》は　陽菜《ひな》ちゃんみたいに　好《す》きだなって思《おも》って　デートするだけで　楽《たの》しいでしょ　でも男《おとこ》の子《こ》は好《す》きになったら　キスしてみたいな　体《からだ》にさわってみたいなって　思《おも》うこともあるの　生《う》まれつきの本能《ほんのう》みたいな　ものかもね
えーっ　健人《けんと》くんも!?
もちろん　全員《ぜんいん》じゃないよ　でも　女《おんな》の子《こ》がいろいろな　ことを考《かんが》えるのに対《たい》して　男《おとこ》の子《こ》はひとつのことしか　考《かんが》えなかったりするの
それは　大《おお》きく　なっても　そういうこと　あるなー

だから　女《おんな》の子《こ》は自分《じぶん》で気《き》をつける必要《ひつよう》があるよ
それはね　自分《じぶん》を守《まも》ることにもなるし恋《こい》が長続《ながつづ》きすることにもなるんだよ
うん…わかった！
日曜日《にちようび》
ニャオン
ゲーム大攻略
あ！　もう5時前《じまえ》だ！
きょう　家族《かぞく》でおなべなんだ！
暗《くら》くなる前《まえ》に帰《かえ》ろう
えっ　もう帰《かえ》るの
よし　みんな帰《かえ》ろうぜ
わたしもー
もうちょっといっしょにいたいけど…でも　恋《こい》は長続《ながつづ》きさせたいもんね！

思春期《ししゅんき》のココロの変化《へんか》

思春期《ししゅんき》になると「恋《こい》する気持《きも》ち」以外《いがい》にも、今《いま》までは感《かん》じなかった気持《きも》ちをたくさん感《かん》じるようになり、とまどうことも。

ココロの変化《へんか》も成長《せいちょう》しているしるし！

思春期《ししゅんき》になって恋《こい》をする気持《きも》ちがめばえるのは、女性《じょせい》ホルモンの働《はたら》きのおかげです。ほかにも今《いま》まで経験《けいけん》したことがないいろいろな気持《きも》ちがめばえていきます。

ワクワク、ハッピーになる気《き》持《も》ちはいいですが、そうでない気《き》持《も》ちも。「わたしはどうかしちゃったのかな？」「いやな子《こ》になっちゃったのかな？」とあわてることもあるはず。思春期《ししゅんき》に起《お》こりがちなココロの変化《へんか》も知《し》っておきましょう。

思春期《ししゅんき》に起《お》こるココロの変化《へんか》の中《なか》でも「恋《こい》する」気持《きも》ちは、ただ楽《たの》しいだけでなく、つらい思《おも》いやくやしい思《おも》い、いろいろな思《おも》いをたくさん経験《けいけん》することになります。

ほかにも「自立《じりつ》をしよう」という気持《きも》ちから、自分《じぶん》の将来《しょうらい》について考《かんが》えたり、なやんだり、親《おや》に対《たい》して反抗的《はんこうてき》になることも。「なんとなく不安《ふあん》」で、自分《じぶん》のことがキライになることだってあります。そんなつらい気持《きも》ちを経験《けいけん》することも、あなたの心《こころ》をおとなに向《む》かって成長《せいちょう》させることになります。絶対《ぜったい》にムダなことではないのです。

こんな変《へん》化《か》があるよ

ココロも成長《せいちょう》していく思春期《ししゅんき》。
今《いま》までは感《かん》じなかった気持《きも》ちを感《かん》じるようになっていくよ。

夢《ゆめ》

「わたしはあれをやってみたい」という将来《しょうらい》の夢《ゆめ》や希望《きぼう》がめばえるのは、心《こころ》が成長《せいちょう》して自立《じりつ》しようとしているサイン。自分《じぶん》らしく生《い》きるため、なやんで考《かんが》えることに。

恋《こい》

友《とも》だちとはちがう「特別《とくべつ》に気《き》になる人《ひと》」ができて、その人《ひと》に自分《じぶん》のことを知《し》ってほしい、つきあいたい、愛《あい》されたい、といった気持《きも》ちがめばえる。

不安《ふあん》

思春期《ししゅんき》はホルモンが多《おお》くなるため、気持《きも》ちが不安定《ふあんてい》になりやすい時期《じき》。「なんとなく不安《ふあん》」「自分《じぶん》のことがキライ」「ちょっとしたことで落《お》ちこむ」といったことが。

反抗《はんこう》、自立《じりつ》

おうちの人《ひと》やまわりのおとなに反発《はんぱつ》する気持《きも》ちが出《で》てくるため、今《いま》までは何《なん》とも思《おも》わなかった言葉《ことば》にイライラすることも。体《からだ》を動《うご》かすと気持《きも》ちがすっきりしやすいよ。

男《おとこ》の子《こ》のココロはどう変化《へんか》する?

男《おとこ》の子《こ》も思春期《ししゅんき》になると男《だん》性《せい》ホルモンの刺激《しげき》を受《う》けて、女《おんな》の子《こ》に興味《きょうみ》を持《も》つように。でも、男《おとこ》の子《こ》のココロの変化《へんか》は、女《おんな》の子《こ》とは少《すこ》しちがうみたいです。

女《おんな》の子《こ》は恋《こい》をして片思《かたおも》いだったとしても「顔《かお》を見《み》るだけでもうれしい!」「たくさん話《はなし》ができたら幸《しあわ》せ!」と思《おも》うもの。もし、つきあったとしても、少《すこ》しずつ階段《かいだん》をのぼるようになかよくなっていきたいと考《かんが》える人《ひと》が多《おお》いのです。

男《おとこ》の子《こ》は男性《だんせい》ホルモンの刺激《しげき》があって、女《おんな》の子《こ》の体《からだ》への興味《きょうみ》がとても強《つよ》くなります。「女《おんな》の子《こ》にさわりたい!」「エッチなことをしたい!」という気持《きも》ちで頭《あたま》がいっぱいになりやすいので、休《やす》み時間《じかん》にもエッチなことを友《とも》だちどうしで話《はな》すことも。

男《おとこ》の子《こ》ってエッチでイヤ!と思《おも》うかもしれませんが、これも人間《にんげん》が子孫《しそん》を残《のこ》すため、男《おとこ》の子《こ》が女《おんな》の子《こ》に強《つよ》く興味《きょうみ》を持《も》つような体《からだ》と心《こころ》のしくみになっているから。

男《おとこ》の子《こ》がエッチなことをすぐ考《かんが》えてしまうのも、意味《いみ》のあることなのです。

恋《こい》するとこうなる!

男《おとこ》の子《こ》

「手《て》や体《からだ》にさわってみたい!」「エッチなことをしたい!」とエッチなことで頭《あたま》がいっぱい。どうやってなかよくなるとか細《こま》かいことはあまり考《かんが》えていない。

女《おんな》の子《こ》

「目《め》が合《あ》った!」「顔《かお》が見《み》れた!」「話《はな》せた!」と、好《す》きな人《ひと》につながるちょっとしたことでも幸《しあわ》せな気《き》持《も》ちに。少《すこ》しずつ関係《かんけい》を進《すす》めていきたいと考《かんが》えることが多《おお》い。

女《おんな》の子《こ》と男《おとこ》の子《こ》の「好《す》き」にはズレが

つきあうようになってから、女《おんな》の子《こ》がデートのときに「何《なに》を着《き》よう」「今日《きょう》は手《て》をつなげるかな」といろいろ考《かんが》えてるのに対《たい》して、男《おとこ》の子《こ》は「さわりたい！」という気持《きも》ちで頭《あたま》がいっぱいになっていることも。とても単純《たんじゅん》なんです。

女《おんな》の子《こ》からすると「わたしのこと、全然《ぜんぜん》考《かんが》えてくれてない！」とおこりたい気持《きも》ちにもなりますが、**女《おんな》の子《こ》と男《おとこ》の子《こ》の「好《す》き」には大《おお》きなズレがある**ことを知《し》っておいてください。

かわいいな
胸大きいな
さわりたいな
かっこいいな
やさしいな
手つないでくれるかな
パスタ食べると服が汚れるかな

恋愛《れんあい》とスキンシップのおなやみ Q&A

思春期《ししゅんき》になると、異性《いせい》にふれたり、さわったりしたい気持《きも》ちが。恋愛《れんあい》ともつながるこの気持《きも》ちがおなやみを生《う》むことも。

Q クラスの男子《だんし》がさわってくる！

A いきなりさわるのは失礼《しつれい》なこと「イヤです」と気持《きも》ちを伝《つた》えて

たとえふざけていたとしても、胸《むね》やおしり、腰《こし》など体《からだ》をさわられるのは、相手《あいて》が男《おとこ》の子《こ》でも女《おんな》の子《こ》でも、あまりいい気持《きも》ちがすることではありません。「イヤだな」という気持《きも》ちになるのもあたりまえです。女《おんな》の子《こ》どうしだとしても、いきなりさわるとびっくりしますよね。

男《おとこ》の子《こ》の場合《ばあい》、女《おんな》の子《こ》に興味《きょうみ》が出《で》てくるようになると、エッチな気持《きも》ちが大《おお》きくなって「さわってみたい！」という気持《きも》ちをおさえられず、考《かんが》えなしにさわってしまうことがあります。だまっていると「さわってもいいんだ」とかんちがいされることも。また、さわったときの女《おんな》の子《こ》の反応《はんのう》がおもしろくてやりつづけてしまう男《おとこ》の子《こ》もいます。さわられてイヤな思《おも》いをしたときは「そんなふうにさわられるのはイヤだからやめてほしい」とあなたの気持《きも》ちを伝《つた》えて、やめてもらうようにしましょう。もし相手《あいて》がつきあっている男《おとこ》の子《こ》でも、「これはイヤだな」と思《おも》ったときには、自分《じぶん》の気持《きも》ちを伝《つた》えて、やめてもらいましょう。

イヤな気持《きも》ちを伝《つた》えているのに、やめてもらえないときは、相談《そうだん》しやすい女性《じょせい》の先生《せんせい》か、保健室《ほけんしつ》の先生《せんせい》に相談《そうだん》してみてください。

あなたがガマンする必要《ひつよう》はありませんよ。

Q つきあってるカレシがふたりきりになりたがる

A 男《おとこ》の子《こ》とふたりきりになるとこわい思《おも》いをすることが!

男《おとこ》の子《こ》とつきあうようになると、カレシが「ふたりきりになりたいな」「きょうは家《いえ》にだれもいないから遊《あそ》びにおいでよ」と言《い》ってくるかもしれません。でも、ちょっと待《ま》って。男《おとこ》の子《こ》はエッチな気持《きも》ちが大《おお》きくなりやすいので、女《おんな》の子《こ》とふたりきりになると、ムリに体《からだ》をさわってきて、イヤがるのにエッチなことをしてくるかもしれません。「やめて!」と伝《つた》えてもやめてくれないときは、**すぐにそこからにげましょう。**

Q

友《とも》だちがカレシとキスしたけどわたしはまだ…

A

キスは心《こころ》の準備《じゅんび》ができたとき好《す》きな人《ひと》とするのがいちばん

「キスってどんな感《かん》じがするんだろう？」と興《きょう》味《み》を持《も》つのはふつうのことですし、思春期《ししゅんき》になると好《す》きな人《ひと》とキスすることにあこがれる気持《きも》ちもあるでしょう。

キスは好《す》きな相手《あいて》とくちびるとくちびるをふれあわせること。好《す》きあっているふたりがおたがいに相手《あいて》のことを知《し》りあって、相手《あいて》を大切《たいせつ》に思《おも》いやる気持《きも》ちが育《そだ》っていくと「もっとふれあいたい」という気持《きも》ちが高《たか》まり、キスへとつながっていくことも。

つきあっているからキスをしなくてはいけないのではなく、好《す》きな人《ひと》とつきあって、おたがいに思《おも》いあうことでキスをしたくなるのが本当《ほんとう》の流《なが》れです。あなたが「キスのことは気《き》になるけど、まだちょっとこわいな」という気持《きも》ちがあるなら、そんな気持《きも》ちのままキスをしても「こんなはずじゃなかった！」とがっかりしてしまうでしょう。**キスははやく経験《けいけん》するのがいいことではありません。**あなたの心《こころ》の準備《じゅんび》ができたときに、ステキな思《おも》い出《で》に残《のこ》るキスをするのが幸《しあわ》せなことです。友《とも》だちがキスした話《はなし》を聞《き》いても、あせる必要《ひつよう》はないですよ。

Q 男《おとこ》の子《こ》から「写真《しゃしん》を撮《と》らせて」と言《い》われたけど

A 女《おんな》の子《こ》ひとりの写真《しゃしん》は悪《わる》いことに使《つか》おうとする人《ひと》が

男《おとこ》の子《こ》は女《おんな》の子《こ》の体《からだ》への興味《きょうみ》が強《つよ》く、写真《しゃしん》を撮《と》ることをOK《オーケー》すると「服《ふく》を脱《ぬ》いで」「下着姿《したぎすがた》も撮《と》らせて」と言《い》われることがあるかも。乱暴《らんぼう》してムリにエッチな写真《しゃしん》を撮《と》ってインターネットでばらまこうとする人《ひと》もいるんです。

もし相手《あいて》がカレシなら**「親《おや》からひとりの写真《しゃしん》は撮《と》っちゃダメって言《い》われてるから」**と伝《つた》えて、「いっしょに撮《と》ろう」と外《そと》でカレシとふたりで撮《と》るようにしましょう。

困《こま》ったときは相談《そうだん》しよう

男《おとこ》の子《こ》とつきあっていて、もしムリにキスされたり、体《からだ》をさわられたり、暴力《ぼうりょく》をふるわれたりしたら、それは絶対《ぜったい》にNG《エヌジー》！　おたがいを思《おも》いあっているいいおつきあいとはいえません。すぐにおつきあいをやめたほうがいいでしょう。

どうしていいかわからなくて、おうちの人《ひと》に言《い》うのがはずかしいなら、保健室《ほけんしつ》の先生《せんせい》に相談《そうだん》してみましょう。「ヒミツにしてほしい」と言《い》えば、してくれます。

また電話《でんわ》で相談《そうだん》できることもあるので、P.206を見《み》てください。ひとりでなやまないでね。

妊娠《にんしん》って…!?

ええ〜っ!!

マジで!?

なにどうしたの?

友《とも》だちの友《とも》だちが塾《じゅく》に来《こ》なくなったんだって それって妊娠《にんしん》したからってウワサになってるんだって
えっ 妊娠《にんしん》!?

真《ま》菜《な》姉《ねえ》と同《おな》い年《どし》の人が? そんなことあるの?

生理《せいり》がある女《おんな》の子《こ》はみんな妊娠《にんしん》の可能性《かのうせい》はゼロじゃないんだよ
えっ!! じゃあ わたしも妊娠《にんしん》するかもしれないの!?

なあに? なんの話《はなし》?

いや なんでもないよ
陽菜《ひな》 部屋《へや》でしゃべろ!

まんがで　キスしたり 抱《だ》きあったり… っていうのは 見《み》たことあるよ それって妊娠《にんしん》 しちゃうの？
まんが
キスやハグでは 妊娠《にんしん》しないよ よく「エッチ」って いうけど 一般的《いっぱんてき》には「セックス」 っていうの
これは　生《い》きものが 子孫《しそん》を残《のこ》すために 必要《ひつよう》なこと 英語《えいご》では　愛《あい》を いとなむっていうイミで 「メイクラブ」っていうよ
動物《どうぶつ》や植物《しょくぶつ》も 同《おな》じ行為《こうい》をするけど… 人間《にんげん》は　女性《じょせい》と男性《だんせい》が 愛《あい》しあうと　いっしょにいたい ひとつになりたいって いう気持《きも》ちになるの
おたがいの体《からだ》がくっついて ひとつになると 愛《あい》を感《かん》じられるし ステキなことなんだけど…
セックスっていうのは 子孫《しそん》を残《のこ》すための行為《こうい》だから もちろん妊娠《にんしん》・出産《しゅっさん》の 可能性《かのうせい》があるの

男性《だんせい》のペニス（おちんちん）から出《で》たたくさんの精子《せいし》くんは
女性《じょせい》のたったひとつの卵子《らんし》ちゃんに向《む》かって競走《きょうそう》するの
競走《きょうそう》に勝った精子《せいし》くんと卵子《らんし》ちゃんはふかふかのベッドがある子宮《しきゅう》というおうちでひとつになって成長《せいちょう》していくよこれが妊娠《にんしん》なの
ベッドをつくったけれど使《つか》わなかったときは経血《けいけつ》になって外《そと》に出《で》るのこれが生理《せいり》だよ
バイバ～イ
あーっそうかぁ…
なるほど…
だから生理《せいり》になるというのは子宮《しきゅう》にベッドをつくれる体《からだ》ってこと生理《せいり》がある女《おんな》の子《こ》がセックスをしたら妊娠《にんしん》する可能性《かのうせい》があるの

だけど10代《だい》の体《からだ》はまだ未成熟《みせいじゅく》で出産《しゅっさん》は　とても体《からだ》を痛《いた》めつけちゃうの
そして小学生《しょうがくせい》や中学生《ちゅうがくせい》で赤《あか》ちゃんを育《そだ》てていくことができるかな？
セックスって妊娠《にんしん》↓出産《しゅっさん》とつながっていることを忘《わす》れないで体《からだ》も心《こころ》もおとなになってから大切《たいせつ》な人《ひと》としようね
男《おとこ》の子《こ》は　妊娠《にんしん》・出産《しゅっさん》するわけじゃないからしくみがわからないでただ〝してみたい〟だけっていう人《ひと》もいるかもしれない
女《おんな》の子《こ》が妊娠《にんしん》のことも話《はな》してまだ早《はや》いよってはっきり言《い》わなきゃだね！
そうそう
本当《ほんとう》に愛《あい》しあえる人《ひと》ならわかってくれるよ　それから好《す》きでもない人《ひと》とのセックスは本当《ほんとう》にキケンっていうことも知《し》っておいてね！　みんなが未来《みらい》に幸《しあわ》せになるために！
うんうん

妊娠《にんしん》のしくみ

思春期《ししゅんき》になると赤《あか》ちゃんを産《う》む準備《じゅんび》ができるっていうけど、赤《あか》ちゃんはどうやってできるの？　正《ただ》しく知《し》っておくことがとても大切《たいせつ》！

卵子《らんし》と精子《せいし》が結《むす》びつくと赤《あか》ちゃんができる

女性《じょせい》が持《も》っている卵子《らんし》と、男性《だんせい》が持《も》っている精子《せいし》が結《むす》びついて「受精卵《じゅせいらん》」になることで赤《あか》ちゃんができます。卵子《らんし》と精子《せいし》が結《むす》びつくためには、男性《だんせい》のペニスを女性《じょせい》の膣《ちつ》の中《なか》に入《い》れて、精子《せいし》を女性《じょせい》の子宮《しきゅう》の中《なか》に送《おく》りこむ必要《ひつよう》があります。この行為《こうい》を「性交《せいこう》」や「セックス」といいます。「エッチをする」という言《い》い方《かた》をすることも。女性《じょせい》と男性《だんせい》がセックスをするということは、**人間《にんげん》が子孫《しそん》を残《のこ》すための大切《たいせつ》な行為《こうい》**なのです。

膣《ちつ》から子宮《しきゅう》に送《おく》りこまれた精子《せいし》は、卵管《らんかん》へと進《すす》みます。射精《しゃせい》した瞬間《しゅんかん》には約数億個《やくすうおくこ》の精子《せい し》がいますが、元気《げんき》のない精子《せいし》はどんどん脱落《だつらく》していき、卵管《らんかん》にたどりつくころには、ほとんど残《のこ》っていません。しかも、タイミングよく卵巣《らんそう》から排卵《はいらん》された卵子《らんし》と出会《であ》い、卵子《らんし》のカラの中《なか》にたどりつけるのは、たった1個《こ》の精子《せいし》だけ。卵子《らんし》と結《むす》びついて受精卵《じゅせいらん》になってからも、子宮内膜《しきゅうないまく》に根《ね》をはることができなければ、そのまま子宮《しきゅう》の外《そと》に流《なが》れてしまいます。妊娠《にんしん》して赤《あか》ちゃんが生《う》まれることがとても神秘的《しんぴてき》なことに感《かん》じますね。

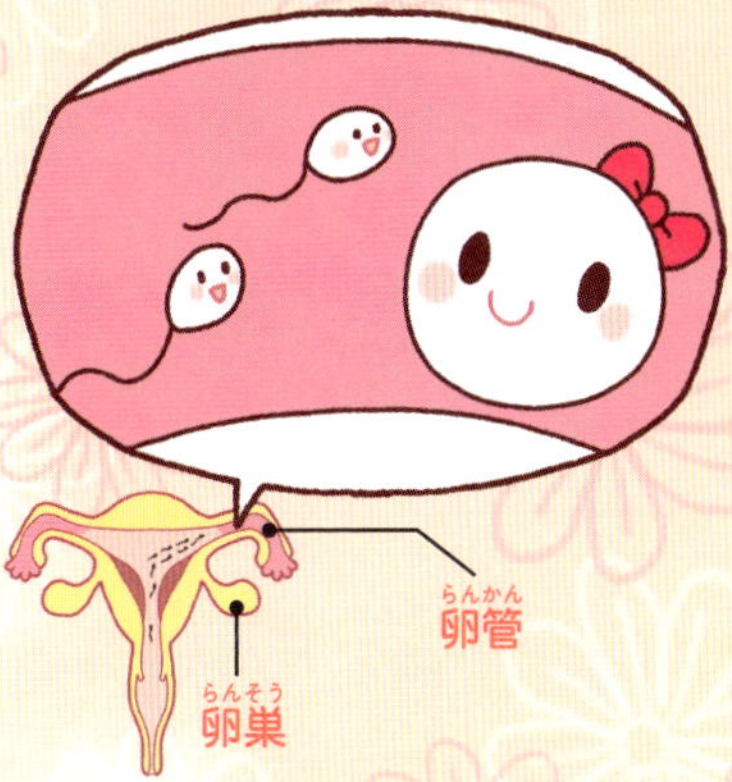

1

卵子《らんし》めがけて精子《せいし》が移動《いどう》！

子宮《しきゅう》の中《なか》に入《はい》った数億《すうおく》の精子《せいし》は、卵子《らんし》を求《もと》めて移動《いどう》。卵巣《らんそう》から飛《と》び出《だ》して卵管《らんかん》にやってきた卵子《らんし》を見《み》つけると、卵子《らんし》のまわりを取《と》りかこんで、卵子《らんし》を包《つつ》む膜《まく》をとかそうとする。

2

卵子《らんし》とひとつの精子《せいし》がドッキング

卵子《らんし》の膜《まく》がとけた瞬間《しゅんかん》、いちばん元《げん》気《き》のいい精子《せいし》が卵子《らんし》と合体《がったい》して受精《じゅせい》卵《らん》に。細胞分裂《さいぼうぶんれつ》しながら、子宮《しきゅう》のほうへ移動《いどう》していく。

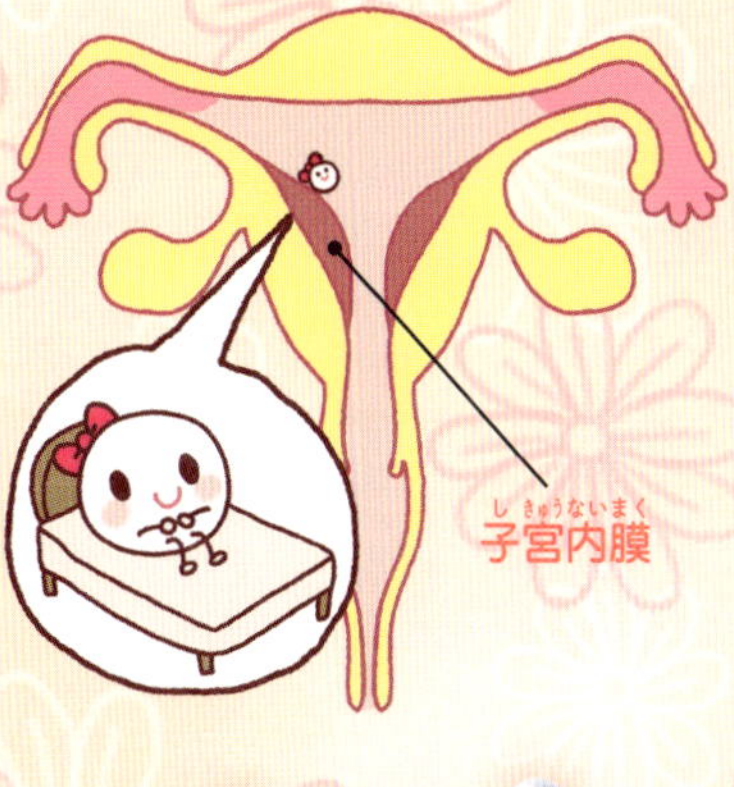

3

受精卵《じゅせいらん》が子宮《しきゅう》にもぐりこむ

子宮《しきゅう》にたどりついた受精卵《じゅせいらん》は、赤《あか》ちゃんのベッドになる子宮内膜《しきゅうないまく》の中《なか》にもぐりこんで、根《ね》をはることができると「妊娠《にんしん》」が成立《せいりつ》したことに。

セックス＝いやらしいことではありません

セックスの大《おお》きな目的《もくてき》は赤《あか》ちゃんをつくることですが、それだけが目的《もくてき》ではないのです。あなたは「性交《せいこう》」や「セックス」にどんなイメージがあるでしょうか？　はだかになってすることなので「いやらしい」と感《かん》じる人《ひと》もいるかもしれません。

恋人《こいびと》どうしがおたがいを好《す》きになり、大切《たいせつ》に思《おも》いあってすごしていくうちに、キスをしたい気持《きも》ちや、「もっとふれていたい」という気持《きも》ちが高《たか》まっていきます。おたがいが「この人《ひと》とならはだかになってふれあってもいい。抱《だ》きしめあいたい」という気持《きも》ちから始《はじ》まります。安《あん》心《しん》できる関係《かんけい》になったふたりがはだかになって、抱《だ》きしめあったり、髪《かみ》や体《からだ》をなであい、ふれあう時間《じかん》は、とても心地《ここち》がよく、幸《しあわ》せな気持《きも》ちになれるコミュニケーションのひとつです。

でも、幸《しあわ》せな気持《きも》ちになるためにはおたがいが「この人《ひと》とセックスしたい」気持《きも》ちになっていることが重要《じゅうよう》。ただ「セックスってどんなものだろう？」という**興味《きょうみ》だけで、ムリにしてしまうと、どちらかが傷《きず》ついたり、こわい思《おも》いをする**ことになってしまいます。あせらずに、おたがいの気持《きも》ちを確認《かくにん》してから、本《ほん》当《とう》に「幸《しあわ》せだな」と思《おも》えるセックスを将来体験《しょうらいたいけん》してください。

セックスは妊娠《にんしん》につながるもの！！

つきあっている相手《あいて》を「この人《ひと》ならセックスしてもいい」と思《おも》えるのはとても大切《たいせつ》なことです。でも、セックスは必《かなら》ず妊娠《にんしん》につながるもの。「今《いま》は赤《あか》ちゃんができたら困《こま》る」と思《おも》うなら、「避妊《ひにん》」という妊娠《にんしん》をしないための方法《ほうほう》について、下《した》で紹介《しょうかい》するような正《ただ》しい知識《ちしき》を持《も》っておいて。**100%の避妊《ひにん》は「セックスをしない」ことだけ。**避妊《ひにん》も、やり方《かた》にまちがいがあると妊娠《にんしん》することがあるのです。

【避妊《ひにん》】について知《し》っておこう

○ コンドームを正《ただ》しく使《つか》う

コンドームはゴムやシリコンでできたうすい膜《まく》のようなもので、ドラッグストアなどで買《か》うことができます。ペニスにぴったりかぶせて、射《しゃ》精《せい》したときに精子《せいし》が女性《じょせい》の子宮《しきゅう》に入《はい》るのを防《ふせ》ぐものです。射精《しゃせい》する直前《ちょくぜん》に使《つか》っても妊娠《にんしん》することがあり、男性《だんせい》が勃起《ぼっき》をしたらすぐにコンドームをつけると避妊効果《ひにんこうか》が高《たか》まりますが100%ではありません。

× 膣《ちつ》の外《そと》で射精《しゃせい》する

射精《しゃせい》の直前《ちょくぜん》に膣《ちつ》からペニスを抜《ぬ》けば妊娠《にんしん》しないというのはまちがいです。射《しゃ》精《せい》する前《まえ》に出《で》ている液体《えきたい》にも精子《せいし》がまじっていることがあるので、コンドームをつけていないと妊娠《にんしん》します。

× 生理中《せいりちゅう》や「安全日《あんぜんび》」にセックスをする

排卵《はいらん》が終《お》わって、次《つぎ》の生理予定日《せいりよていび》の数《すう》日前《じつまえ》を「安全日《あんぜんび》」といいます。生理中《せいりちゅう》とともに妊娠《にんしん》の確率《かくりつ》が低《ひく》いとされますが、排卵《はいらん》や生理《せいり》が安定《あんてい》していないティーンは避妊《ひにん》したことになりません！

わたしでも妊娠《にんしん》するの？

まだ子《こ》どもだし、赤《あか》ちゃんを産《う》むなんて考《かんが》えられないけど……。

妊娠はできても、出産はキケン！ 育児もできません！

小学生《しょうがくせい》でも妊娠《にんしん》できる！でも出産《しゅっさん》はとてもキケン

生理《せいり》が始《はじ》まっている女《おんな》の子《こ》は、赤《あか》ちゃんができる準備《じゅんび》ができたということ。小学生《しょうがくせい》でも男性《だんせい》と1度《ど》セックスしただけで妊娠《にんしん》することはあります。実際《じっさい》に小学生《しょうがくせい》で妊娠《にんしん》してしまった女《おんな》の子《こ》が病院《びょういん》に来《き》たことがあると話《はな》す産婦人科《さんふじんか》のお医者《いしゃ》さんもいます。

でも、小学生《しょうがくせい》はまだおとなに成長《せいちょう》するとちゅうなので、赤《あか》ちゃんを安全《あんぜん》に出産《しゅっさん》できる体《からだ》になっていません。そこで赤《あか》ちゃんを産《う》もうとすれば自分《じぶん》の命《いのち》があぶなくなることもあります。育《い》児《じ》もムリですよね。小学生《しょうがくせい》でも妊娠《にんしん》はすること、それがとてもキケンなことなのはおぼえておいてください。

!? もしエッチをさそわれたら？

カレシから「エッチしよう」と言《い》われたら、どうしたらいいのかな？

愛しあってるんだからいいだろう？
きらわれる!?
よく考えて！
本当にステキなカレシならことわっても、きらわれないです！

流《なが》されてしまうと心《こころ》も体《からだ》も傷《きず》つくことに

生理《せいり》が始《はじ》まっている女《おんな》の子《こ》はエッチ＝セックスをすれば妊娠《にんしん》してしまうかもしれません。セックスでうつる病《びょう》気《き》になることもあります。「カレシにきらわれたくない」「興味《きょうみ》があるからいいかな」という気持《きも》ちでさそいを受《う》けた結果《けっか》、あなたの心《こころ》も体《からだ》も傷《きず》つくことになるのです。

あなたが「まだエッチはこわい」と思《おも》っているなら、その気持《きも》ちを正直《しょうじき》に伝《つた》えてことわることも大切《たいせつ》です。本当《ほんとう》に相手《あいて》を大事《だいじ》に思《おも》う男《おとこ》の子《こ》なら、ことわったことでキライになったりせず、女《おんな》の子《こ》の気持《きも》ちが変《か》わるのを待《ま》ってくれるはずです。

もしエッチしちゃったら？

ことわりきれずにエッチしてしまったときは、すぐにやるべきことが。

妊娠《にんしん》の可能性《かのうせい》があるか確認《かくにん》しておこう

もしエッチしてしまったときは、まず相手《あいて》が避妊《ひにん》していたのか確認《かくにん》しましょう。男《おとこ》の子《こ》は「エッチしたい」という気持《きも》ちだけが強《つよ》くて、女《おんな》の子《こ》の生理《せいり》や妊娠《にんしん》のしくみをよくわかっていないことが多《おお》いもの。避妊《ひにん》をしていなかったり、うまくできていないこともあります。妊娠《にんしん》が心配《しんぱい》なときは次《つぎ》のページを読《よ》んでおいてください。

もし、これからもカレシとつきあいたいなら、エッチについてあなたの気《き》持《も》ちや妊娠《にんしん》のしくみ、避妊《ひにん》の知識《ちしき》を話《はな》しあってください。それをいやがるカレシとはおつきあいを考《かんが》え直《なお》してください。

!? 妊娠《にんしん》が心配《しんぱい》なときは？

はやければはやいほどなんとかできることが。勇気《ゆうき》を出《だ》して相談《そうだん》を！

あとから避妊《ひにん》ができる薬《くすり》もおとなに相談《そうだん》して

妊娠《にんしん》が心配《しんぱい》なときは、ひとりでなやまずに、おうちの人《ひと》や学校《がっこう》の先生《せんせい》、保健《ほけん》室《しつ》の先生《せんせい》など、身《み》のまわりでいちばん話《はな》しやすいおとなに相談《そうだん》しましょう。未成年《みせいねん》だけではなく、おとなといっしょに産婦人科《さんふじんか》・婦人科《ふじんか》に行《い》って、相談《そうだん》を。

しかられるのがこわいと思《おも》いますが、妊娠《にんしん》してしまうことのほうが大変《たいへん》です。セックスをして72時間以内《じかんいない》に飲《の》むと避《ひ》妊《にん》ができるアフターピルという薬《くすり》もあります。アフターピルはすべての産婦《さんふ》人科《じんか》・婦人科《ふじんか》でもらえる薬《くすり》ではありません。どこでもらえるかは地域《ちいき》の保健《ほけん》所《じょ》や保健《ほけん》センターで教《おし》えてもらえます。

!? パパとママもエッチをしたの？

赤《あか》ちゃんをつくるためにエッチをするってことは、パパとママも？

パパとママが愛《あい》しあっている証拠《しょうこ》があなたの命《いのち》です

あなたがここにいるということは、あなたのパパとママが愛《あい》しあってエッチ＝セックスをしたからということ。パパの赤《あか》ちゃんのもとである精子《せいし》と、ママの赤《あか》ちゃんのもとである卵子《らんし》がひとつになって、「あなた」という世界《せかい》でたったひとつの命《いのち》が生《う》まれてきたのです。

セックスがいやらしいことだと思《おも》うと、パパとママがしたなんて想像《そうぞう》できないし、したくないかもしれませんが、セックスは愛《あい》しあうふたりが愛情《あいじょう》を伝《つた》えあう行為《こうい》でもあります。それだけパパとママは愛《あい》しあう仲《なか》ということですよね。

!? エッチする前《まえ》に知《し》っておきたいことは?

妊娠《にんしん》、避妊《ひにん》について正《ただ》しい知識《ちしき》をつけて、カレシと話《はな》しあっておこう!

生理中ならエッチしても妊娠しないんだろ? だからいいよな?
えー!!
生理中だって妊娠するかもしれないんだからね!!
ほら、ここ読んで
そうなのか……

妊娠《にんしん》する可能性《かのうせい》と避妊《ひにん》の正《ただ》しい知識《ちしき》を

あなたの心《こころ》と体《からだ》がじゅうぶんに成長《せいちょう》して、「この人《ひと》となら」と思《おも》える相手《あいて》と出会《であ》い、エッチ=セックスをしてもいいと思《おも》うなら、まず「セックスすると妊娠《にんしん》をする」ということを忘《わす》れないでほしいです。そしてまだ妊娠《にんしん》をのぞんでいないなら、正《ただ》しい避妊《ひにん》の方法《ほうほう》を知《し》っておくこと。そして、カレシとも妊娠《にんしん》や避妊《ひにん》について話《はな》しあっておいてほしいのです。

「生理中《せいりちゅう》なら妊娠《にんしん》しない」など自分《じぶん》の知識《ちしき》をおしつけて、避妊《ひにん》に協力《きょうりょく》してくれないカレシなら、本当《ほんとう》にセックスする相手《あいて》にふさわしいか考《かんが》えてみてください。

こんな病気《びょうき》のこと、知《し》っておいて！

10代《だい》の女《おんな》の子《こ》がかかりやすいおまたの病気《びょうき》があります。もし気《き》になる症状《しょうじょう》があったら、まわりのおとなに相談《そうだん》してみてね。

カンジダ膣炎《ちつえん》

もともと体《からだ》の中《なか》にいるカンジダ菌《きん》が、体《からだ》が弱《よわ》っているときやセックスのあとに増《ふ》えてしまい、カスのようなおりものが増《ふ》えるよ。1週間《しゅうかん》以上《いじょう》続《つづ》くなら病院《びょういん》に行《い》って薬《くすり》をもらって。

クラミジア感染症《かんせんしょう》

おりものがふえて血《ち》がまじったり、おしっこをするときに痛《いた》んだりするよ。セックスでうつる病気《びょうき》で、治療《ちりょう》せずにいると将来《しょうらい》妊娠しづらくなることも。

トリコモナス膣炎《ちつえん》

ニオイが気《き》になる黄色《きいろ》っぽいおりものが出《で》て、おまたにかゆみが。専用《せんよう》の薬《くすり》をもらって治《なお》すよ。セックスでうつりやすい病気《びょうき》だけど、まれに温泉《おんせん》やプールでもうつることがある。

細《さい》菌《きん》性《せい》膣《ちつ》炎《えん》

体《からだ》が弱《よわ》っているときに膣《ちつ》に大《だい》腸菌《ちょうきん》などが入《はい》ってかかる病《びょう》気《き》。おまたがはれてかゆくなり、黄色《きいろ》や灰色《はいいろ》っぽい、ニオイの強《つよ》いおりものが。病院《びょういん》で薬《くすり》をもらって治《なお》すよ。

子《し》宮《きゅう》頸《けい》がん

子宮《しきゅう》の入《い》り口《ぐち》あたりにできる「がん」。セックスをしたときにうつるウイルスが原《げん》因《いん》になることも。20歳《さい》をすぎたら定期的《ていきてき》に産婦人《さんふじん》科《か》・婦人科《ふじんか》で検診《けんしん》を受《う》けておくと安心《あんしん》だよ。

子《し》宮《きゅう》内《ない》膜《まく》症《しょう》

「子宮《しきゅう》」の病気《びょうき》ではなく、子宮《しきゅう》の内膜《ないまく》に似《に》た細胞《さいぼう》が、子宮以外《しきゅういがい》の卵巣《らんそう》や腸《ちょう》、おしっこをためる膀胱《ぼうこう》などにできてしまって、生理《せいり》のときにトラブルが起《お》きる病気《びょうき》。生理痛《せいりつう》が前《まえ》よりひどくなって痛《いた》み止《ど》めが効《き》かなくなったり、生理《せいり》の血《ち》の量《りょう》が増《ふ》えてきたりしたら、産婦人科《さんふじんか》・婦人科《ふじんか》で検査《けんさ》をしてもらって。

セックスでうつる病気《びょうき》について

クラミジア感染症《かんせんしょう》やトリコモナス膣炎《ちつえん》などセックスでうつる病気《びょうき》を「性感染症《せいかんせんしょう》」といいます。ほかにも淋病《りんびょう》、梅毒《ばいどく》、エイズなどいろんな病気《びょうき》が。治療《ちりょう》しないと妊娠《にんしん》や出産《しゅっさん》にもえいきょうすることもあり、なかには命《いのち》の危険《きけん》がある場合《ばあい》も。おかしいと感《かん》じたら、産《さん》婦人科《ふじんか》・婦人科《ふじんか》へ！

女性《じょせい》の一生《いっしょう》はこんなふうに進《すす》むよ

東洋医学《とうよういがく》では７年《ねん》ごとに変化《へんか》していくといわれる女性《じょせい》の体《からだ》。だいたい何歳《なんさい》ごろにどんな変化《へんか》が起《お》きるのか知《し》っておくと、人生《じんせい》を考《かんが》えやすくなるかも。

7歳《さい》ごろ

歯《は》が永久歯《えいきゅうし》にはえかわります

少《すこ》しずつ「子《こ》ども」から「おとな」に向《む》けて体《からだ》が成長《せいちょう》を始《はじ》める時期《じき》に。まず赤《あか》ちゃんの歯《は》＝乳歯《にゅうし》がぬけて、おとなの歯《は》＝永久歯《えいきゅうし》にはえかわっていくよ。

14歳《さい》ごろ

初潮《しょちょう》がきて生理《せいり》が始《はじ》まります

初潮《しょちょう》がきたら、卵巣《らんそう》から卵子《らんし》が飛《と》び出《だ》すようになって、体《からだ》が赤《あか》ちゃんを産《う》む準備《じゅんび》を始《はじ》めたということ。生理《せいり》のサイクルに合《あ》わせて、体調《たいちょう》に変化《へんか》が見《み》られるようになります。

21歳《さい》ごろ

おとなの女性《じょせい》の体《からだ》ができあがります

それまでバラバラだった生理《せいり》のサイクルも整《ととの》ってきて、体調《たいちょう》の変化《へんか》にも予想《よそう》が立《た》てられるように。妊娠《にんしん》や出産《しゅっさん》にもじゅうぶんたえられるように体《からだ》もできあがってくるよ。

28歳《さい》ごろ

結婚《けっこん》や妊娠《にんしん》をリアルに考《かんが》えるように

仕事《しごと》をしている場合《ばあい》は、仕事《しごと》にも慣《な》れてきて、結婚《けっこん》や妊娠《にんしん》をして、人生《じんせい》を新《あたら》しいステージに進《すす》めたくなる時期《じき》。すでに結婚《けっこん》している人《ひと》も、赤《あか》ちゃんを産《う》むのにいい時期《じき》だよ。

35歳《さい》ごろ

妊娠《にんしん》、出産《しゅっさん》の確率《かくりつ》が下《さ》がってきます

少《すこ》しずつ体《からだ》が老化《ろうか》していく年齢《ねんれい》。妊娠《にんしん》や出産《しゅっさん》にもえいきょうが。妊娠《にんしん》しにくくなったり、妊娠《にんしん》しても出産《しゅっさん》でトラブルが起《お》きたりする確率《かくりつ》が少《すこ》しずつ上《あ》がっていくよ。

42歳《さい》ごろ

女性《じょせい》ホルモンが減《へ》り体《からだ》の不調《ふちょう》が起《お》きがち

40歳《さい》をすぎると、卵巣《らんそう》から出《で》ている女性《じょせい》ホルモンの量《りょう》が減《へ》っていくよ。体力《たいりょく》も落《お》ちてくるので、体《からだ》の不調《ふちょう》や生理《せいり》のトラブルが起《お》きやすくなる時期《じき》。

49歳《さい》ごろ

生理《せいり》が終《お》わって閉経《へいけい》します

1カ月《げつ》1回《かい》あった生理《せいり》の回《かい》数《すう》が減《へ》っていき、やがて生《せい》理《り》がこなくなるように（閉《へい》経《けい》）。女性《じょせい》ホルモンが出《で》なくなることで、骨《ほね》が弱《よわ》くなるなどの変化《へんか》も。

進《すす》み方《かた》は人《ひと》それぞれ

ここで紹介《しょうかい》したのはひとつのパターン。ひとりひとり体《からだ》の成長《せいちょう》や変化《へんか》はちがうのでまったく同《おな》じにはならないよ。何歳《なんさい》になっても体《からだ》や心《こころ》の変化《へんか》、生理《せいり》のことでなやむことはあると思《おも》うけど、この本《ほん》に書《か》いてあるような生理《せいり》のこと、体《からだ》のことを知《し》っておくと答《こた》えが見《み》つけやすくなるはず！

めぐみ先生《せんせい》からメッセージ

あなたの人生《じんせい》で大切《たいせつ》なこと

あなたは気《き》になる人《ひと》がいますか？

だれかを好《す》きになったら、ドキドキしたり、落《お》ちこむことがあったり、恋《こい》をするといろんな気持《きも》ちを味《あじ》わいますよね。


恋《こい》をするってとてもステキなことです。

その恋《こい》がかなっても、かなわなくても、恋《こい》した気持《きも》ちは、あなたを豊《ゆた》かに育《そだ》ててくれます。


恋《こい》をして、つきあうようになると、キスやエッチ（セックス）のことも気《き》になってくるでしょう。

キスも、エッチをすることも、好《す》きあっているふたりがおたがいを思《おも》いやりながら「この人《ひと》とならもっとふれていたいな」と思《おも》えるようになってからすること。

あなたにとっては大事《だいじ》な体験《たいけん》ですから、急《いそ》いでするものでもないし、あなたが「まだそういう気持《きも》ちになれない」と思《おも》っているうちは、ムリにすることはありません。

「友《とも》だちがもうしてるから」「彼《かれ》が、好《す》きならするものだって言《い》う」などと、あせってしまうかもしれませんが、あなたの人生《じんせい》の主人《しゅじん》公《こう》はあなたなのですから、あなたが幸《しあわ》せだと感《かん》じるキスやエッチの体験《たいけん》ができることのほうがずっと大切《たいせつ》です。

とくに、エッチをすることは、生理《せいり》が始《はじ》まっていれば妊娠《にんしん》してしまうこともありますし、エッチでうつる病気《びょうき》になってしまうこともあります。

妊娠《にんしん》して赤《あか》ちゃんができてしまっても、まだ育《そだ》てられないですよね？

赤《あか》ちゃんができても責任《せきにん》がとれないうちは、妊娠《にんしん》をする可能性《かのうせい》があるエッチをしないほうがいいとわたしは思《おも》っています。

男《おとこ》の子《こ》は女《おんな》の子《こ》よりもエッチをしたい気持《きも》ちが強《つよ》くなりやすいもの。

でも、つきあっている女《おんな》の子《こ》のことが本当《ほんとう》に大事《だいじ》なら、「まだエッチしたい気持《きも》ちにはなれないからもう少《すこ》し待《ま》ってほしい」と伝《つた》えれば、カレもあなたの気持《きも》ちを大事《だいじ》にしてくれます。

あなたがいつか、「この人《ひと》とならしてもいいな」と思《おも》ったときに、おたがいを思《おも》いやりながらしていくことで、忘《わす》れられないステキな思《おも》い出《で》になると思《おも》います。

わたしに相談《そうだん》があった高校生《こうこうせい》の女《おんな》の子《こ》からも、「カレに待《ま》ってほ

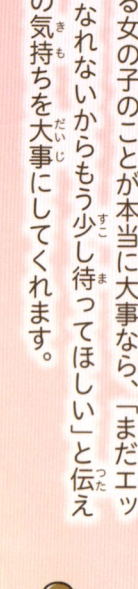

しいと伝《つた》えたら、待《ま》ってくれると言《い》ってくれて安心《あんしん》しました！」
というメッセージをいただきました。
男《おとこ》の子《こ》だって大切《たいせつ》な女《おんな》の子《こ》のためならガマンしてくれます。

あなたがイヤだと思《おも》うことをガマンばかりして、自分《じぶん》の気持《きも》ちを言《い》えない恋《こい》をするよりも、あなたのことを大切《たいせつ》に思《おも》ってくれる男《だん》性《せい》と思《おも》いやりあふれる恋《こい》をしてほしいと、心《こころ》から願《ねが》っています。

いつか、大好《だいす》きな人《ひと》と結婚《けっこん》して妊娠《にんしん》したとき、赤《あか》ちゃんができることは最高《さいこう》の贈《おく》り物《もの》になるでしょう。

あなたの人生《じんせい》の主役《しゅやく》はあなたなのです。
あなたの気持《きも》ちを大事《だいじ》にしてください。

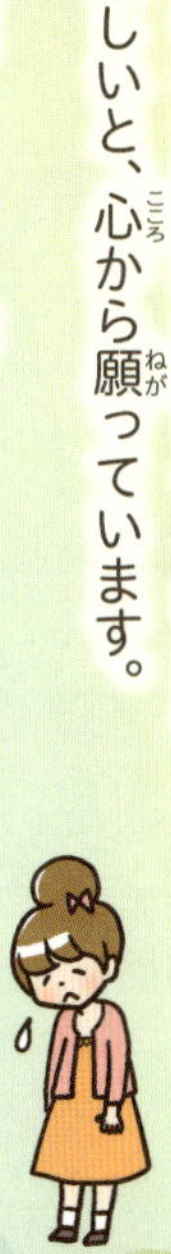

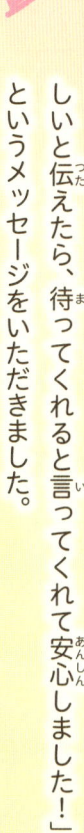

コラム あなたは女《おんな》の子《こ》？男《おとこ》の子《こ》？

あなたは「女《おんな》の子《こ》らしい」といわれるような服《ふく》を着《き》ることが苦手《にがて》で、女《おんな》の子《こ》の体《からだ》でいることがしっくりこないと感《かん》じたことはありますか？　人《ひと》は生《う》まれたときの体《からだ》の特《とく》ちょうで「男《おとこ》」「女《おんな》」と分《わ》けられて育《そだ》ちますが、体《からだ》の特《とく》ちょうが女《おんな》の子《こ》でも、心《こころ》では「男《おとこ》の子《こ》でいるほうが自然《しぜん》」だと思《おも》うのはおかしなことでも悪《わる》いことでもありません。「女《おんな》の子《こ》」なら全員《ぜんいん》がスカートをはいて、ピンクや赤《あか》が好《す》きなわけではありません。「あなたらしさ」を大切《たいせつ》に生《い》きていっていいんです。

性《せい》同《どう》一《いつ》性《せい》障《しょう》害《がい》

体《からだ》の性別《せいべつ》と心《こころ》の性別《せいべつ》が合《あ》わないことを「性同一性障害《せいどういつせいしょうがい》」というよ。自分《じぶん》では男《おとこ》の子《こ》だと思《おも》っているのに、体《からだ》がどんどん女《おんな》らしくなって、まわりからも「女《おんな》の子《こ》」と見《み》られるのはとても苦《くる》しいもの。病院《びょういん》で相談《そうだん》すると、体《からだ》と心《こころ》の性別《せいべつ》が合《あ》わなくて苦《くる》しむ心《こころ》のケアや、見《み》た目《め》を心《こころ》の性別《せいべつ》に近《ちか》づけるための治療《ちりょう》が受《う》けられるよ。

同《どう》性《せい》愛《あい》

男性《だんせい》は女性《じょせい》、女性《じょせい》は男性《だんせい》が恋愛対象《れんあいたいしょう》になることが多《おお》いけど、男性《だんせい》として男性《だんせい》を愛《あい》する人《ひと》、女性《じょせい》として女性《じょせい》を愛《あい》する人《ひと》も。女《おんな》の子《こ》が女《おんな》の子《こ》に対《たい》して「ステキだな」「いっしょにいたいな」と恋《こい》するのもおかしなことではないよ。やがて男《おとこ》の子《こ》に恋《こい》する気持《きも》ちがめばえることもあれば、おとなになっても女性《じょせい》を好《す》きになるのが自《し》然《ぜん》なままの人《ひと》も。それぞれの「恋《こい》する気《き》持《も》ち」があるんだね。

パート4

毎日《まいにち》の生活《せいかつ》を楽《たの》しくすごしたい

学校《がっこう》、友《とも》だち、インターネット、
まわりのおとな……。あなた自身《じしん》が毎日《まいにち》を
楽《たの》しくすごすためにはどうしたらいいのかな？

キケンなインターネット

1週間後《しゅうかんご》
見て見て！
ゲームのレベル進《すす》んだよ
レベル105!?
寝不足～
えっ!! すごいね これ 本当《ほんとう》にタダ?
んー「○○を購入《こうにゅう》しますか」って出《で》てきて買《か》ったけど…
スマホ代《だい》は パパがはらってくれるからだいじょうぶ
それにね お金持《かねも》ちの高校生《こうこうせい》と友《とも》だちになったんだぁ
その人《ひと》 ゲームじゃなくてリンに服《ふく》を買《か》ってくれるって
知《し》らない人《ひと》と会《あ》ったの?
ううん まだ会《あ》ってないよ
やめたほうがいいよ!

1か月後《げつご》
ダッ
わーん
リンちゃん!
どうしたの?
あのね…ゲームでね…10万円使《まんえんつか》ってたって…パパにおこられた
じゅ…
じゅうまんえーーん!?
ぐすん
知《し》らなかったんだよー そんなにお金《かね》かかるなんて…
とにかくおうちに帰《かえ》ってパパにあやまったほうがいいよ!
いやだー! あのね お金持《かねも》ちの人《ひと》がうちにおいでって言《い》ってくれたから
えっ! それこの間《あいだ》言《い》ってた人《ひと》!? そんなの絶対《ぜったい》ダメだよ! あぶないよ!

リン！
待《ま》ちなさい！
リンなんて
いないほうがいいでしょ
お金《かね》はらえないし
バカ！
パパもママもリンのことが
いちばん大事《だいじ》なんだ
ぎゅっ
…
ごめんなさい…
インターネットはね
使《つか》い方《かた》によっては
とてもキケンなんだよ
そのことをちゃんと
話《はな》しあってなくて
パパも悪《わる》かった
しばらくスマホは
あずかっておくから
みんなで考《かんが》えよう
とにかくきょうは
学校《がっこう》に行《い》きなさい
リンちゃん
元気出《げんきだ》して！
スマホって…
便利《べんり》そうだけど
あぶないことも
あるんだなぁ

スマホ、タブレット、パソコンとのつきあい方《かた》

あるととても便利《べんり》なスマホやタブレット。でもインターネットを使《つか》うときには注意《ちゅうい》して。危険《きけん》があることも知《し》っておこうね。

インターネットは世界中《せかいじゅう》とつながっている

インターネットは、世界中《せかいじゅう》のコンピュータなどの機器《きき》をつないだネットワークのこと。調《しら》べものがかんたんにできる検索《けんさく》サイトや情報《じょうほう》ホームページなどのウェブサイトを見《み》られるのは、インターネットのおかげです。

それから、友《とも》だちとすぐ連絡《れんらく》がとれるSNS《エスエヌエス》やメールも、インターネット・サービスのひとつ。写真《しゃしん》やコメントなど家族《かぞく》や少数《しょうすう》の友《とも》だちだけに公開《こうかい》しているつもりでも、ちょっとまちがうと、全世界《ぜんせかい》に広《ひろ》がってしまう可能性《かのうせい》があります。また、あなたが書《か》いたことを、知《し》らない人《ひと》にコピーされたり、別《べつ》のところに使《つか》われたりすることも。

だから、ネットに何《なに》かを書《か》くときや、見《み》るときは「世界中《せかいじゅう》とつながっているんだ、ヒミツじゃないんだ」と意識《いしき》しておきましょう。

家族《かぞく》と相談《そうだん》して使《つか》う

ネットには、ウソやよくない情報《じょうほう》もたくさん。お金《かね》がかかるサイトも。使《つか》うときは見《み》るサイトを決《き》めるなど、おうちの人《ひと》と相談《そうだん》しよう。

「ネットリテラシー」って？

ネットには、ウソもふくめて、いろいろな情報《じょうほう》があふれているの。情報《じょうほう》を正《ただ》しく理解《りかい》して、活用《かつよう》する能力《のうりょく》のことを「ネットリテラシー」というよ。正《ただ》しく使《つか》って、楽《たの》しく利用《りよう》しようね。

個人《こじん》の情報《じょうほう》は投稿《とうこう》しない

名前《なまえ》、住所《じゅうしょ》、生年月日《せいねんがっぴ》、顔《かお》写真《じゃしん》、学校名《がっこうめい》などは全部《ぜんぶ》「個人情報《こじんじょうほう》」。これがわかってしまうような投稿《とうこう》は自分《じぶん》のも他人《たにん》のも絶対《ぜったい》に×。

悪口《わるぐち》は書《か》かない

軽《かる》い気持《きも》ちでも、ひどい悪口《わるぐち》やからかいの言葉《ことば》を書《か》くのは絶対《ぜったい》×。世界中《せかいじゅう》に広《ひろ》まって、犯罪《はんざい》になってしまうケースもあるの。

インターネットで知《し》りあった人《ひと》と会《あ》わない

ネットはとく名《めい》で利用《りよう》できるため、他人《たにん》のふりをしている人《ひと》もいるよ。ネットで知《し》りあった人《ひと》と会《あ》うのは、とてもキケンだよ。

許可《きょか》なく画像《がぞう》などをのせない

好《す》きなアイドルや友《とも》だちの写真《しゃしん》を勝手《かって》にネットに投稿《とうこう》しないでね。肖像権《しょうぞうけん》など、いろいろな権利《けんり》を侵害《しんがい》していることになるよ。

!? スマホを買《か》ってもらえない

「みんな持《も》ってるから、わたしにも買《か》って」ではムリかも!?

なぜ必要《ひつよう》なのかおうちの人《ひと》と話《はな》しあって

あなたにスマホが必要《ひつよう》か、そうでないかは、基本的《きほんてき》に料金《りょうきん》をしはらう、おうちの人《ひと》が決《き》めること。

また、料金《りょうきん》がかかることだけでなく、子《こ》どもにはキケンな面《めん》もあるという理《り》由《ゆう》で買《か》わないおうちもあるでしょう。

もしどうしても必要《ひつよう》な理由《りゆう》があるなら、じっくりおうちの人《ひと》と相談《そうだん》してみましょう。「インターネットは使《つか》わない」「塾《じゅく》に通《かよ》う往復《おうふく》だけ持《も》っていく」などルールを決《き》めてもいいですね。

ちなみに、2020年《ねん》にスマホを利《り》用《よう》していた小学生《しょうがくせい》は約《やく》40パーセント※。そんなに多《おお》くはないんです。

※内閣府《ないかくふ》　2021年青少年《ねんせいしょうねん》のインターネット利用環境実態調査《りようかんきょうじったいちょうさ》

スマホ、ケータイをなくしたら

さがしてもなかったら、すぐにおうちの人《ひと》に相談《そうだん》してね！

すぐにおうちの人《ひと》に話《はな》して交番《こうばん》と携帯会社《けいたいがいしゃ》に届《とど》け出《で》を

「おこられそう」「よくさがせばあるかも」と迷《まよ》う気持《きも》ちはわかるけれど、なくしたらすぐに、おうちの人《ひと》に話《はな》して、携帯会社《けいたいがいしゃ》と近《ちか》くの交番《こうばん》に届《とど》け出《で》て。ほとんどの場合《ばあい》、拾《ひろ》った人《ひと》が勝手《かって》に使《つか》えないようにすることができます。また、交番《こうばん》に届《とど》いていることも、もちろんありますよ。家《いえ》の中《なか》で見《み》つかったら、また携帯会社《けいたいがいしゃ》に届《とど》ければOK《オーケー》。

スマホ、ケータイ、タブレットなどには、あなたや家族《かぞく》、友《とも》だちの情報《じょうほう》がいっぱいつまっています。なくしたままだと、勝手《かって》に電話《でんわ》をかけられたり、情報《じょうほう》をぬすまれたり、大変《たいへん》なことになる場合《ばあい》も！

!? ゲームで課金《かきん》しちゃった

ネットでお金《かね》を使《つか》うのは、かんたんそうだけれど大変《たいへん》なことに……!?

「アイテムを買いますか？」
買う買う～！
200円だもんね
あれも
これも
ママのスマホ
今月スマホに
2万円かかったわよ！
何に
使ったの！
ごめん…

絶対《ぜったい》に勝手《かって》に購入《こうにゅう》しないこと

自分《じぶん》でスマホを持《も》っていないけれど、ゲームをするときだけ、おうちの人《ひと》にかりていることもありますよね。ゲームなどで「○○を購入《こうにゅう》しますか」「ガチャしますか」など、別画面《べつがめん》で出《で》てくる場合《ばあい》、絶対《ぜったい》に勝手《かって》に購入《こうにゅう》ボタンにふれないこと。スマホやパソコンでのお金《かね》は、クレジットカードや、電話料金《でんわりょうきん》に追加《ついか》されます。いくら使《つか》ったかわからなくなるため、おうちの人《ひと》でもはらいきれない金額《きんがく》になることも。

また「無料《むりょう》」と書《か》いてあっても、勝手《かって》に登録《とうろく》するとお金《かね》がかかることもあるから注意《ちゅうい》して！　まずはおうちの人《ひと》に相談《そうだん》してからにしましょう。

みんなのギモン・しつもん相談室《そうだんしつ》 4

!? 知《し》らない人《ひと》から連絡《れんらく》があった

インターネットには、悲《かな》しいことだけれどニセモノや悪《わる》い人《ひと》もたくさん。

インターネットには、ニセモノや悪《わる》い人《ひと》もいる

インターネットは、とく名《めい》が多《おお》いため、他人《たにん》に「なりすます」人《ひと》もいます。

たとえば「同《おな》じ年《とし》の女《おんな》の子《こ》です」と写真《しゃしん》がのせてあっても、40歳《さい》の男性《だんせい》かもしれません。

また、とてもやさしく、なやみを聞《き》いてくれたとしても、その人《ひと》が本当《ほんとう》はどんな人《ひと》かはまったくわかりません。

知《し》らない人《ひと》とメールやSNS《エスエヌエス》をするだけで、スマホやパソコンにウィルスが送《おく》られて使《つか》えなくなったり、お金《かね》をせいきゅうされたりすることも。

知《し》らない人《ひと》からのとつぜんの連絡《れんらく》は無視《むし》するのがいちばんです。絶対《ぜったい》に自《じ》分《ぶん》の情報《じょうほう》を教《おし》えたりしないでください。

みんなのギモン・しつもん相談室《そうだんしつ》 5

!? 写真《しゃしん》をSNS《エスエヌエス》にアップしたい

かわいく撮《と》れた写真《しゃしん》は、みんなに見《み》せたくなるけど……!?

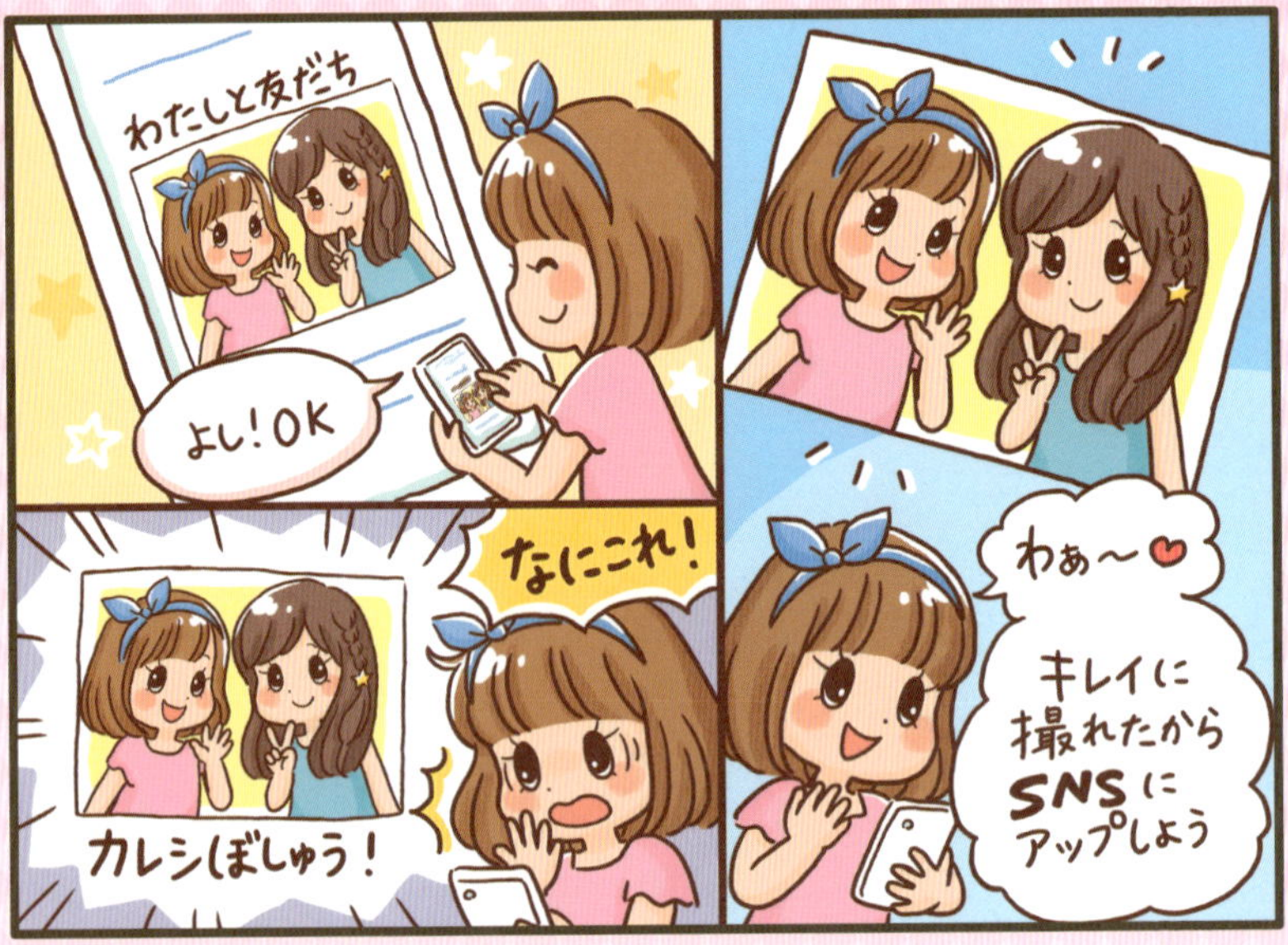

SNS《エスエヌエス》でもネットは世界《せかい》につながっている

「友《とも》だちどうしだけでのSNS《エスエヌエス》だったら、写真《しゃしん》をアップしてもいいよね」と思《おも》うかもしれません。たとえば、自《じ》分《ぶん》の家《いえ》で、カギをかけていたら、家族《かぞく》以外《いがい》だれも入《はい》ってこられないのと同《おな》じです。でも、友《とも》だちの友《とも》だちは世界中《せかいじゅう》にカギやカーテンを開《あ》けているかもしれません。

知《し》られたくない個人的《こじんてき》なことを「プライバシー」といいます。写真《しゃしん》は「プライバシー」であり「個人《こじん》の情報《じょうほう》」。勝手《かって》にアップして、勝手《かって》にどこかで使《つか》われると、トラブルになることもあります。友《とも》だちどうしでも、写真《しゃしん》の交換《こうかん》には注《ちゅう》意《い》が必要《ひつよう》です。

みんなのギモン・しつもん相談室《そうだんしつ》 6

!? 好《す》きなアイドルをネットで楽《たの》しみたい

大好《だいす》きなアイドルだけど、ネットに公開《こうかい》するのはちょっと待《ま》って！

写真《しゃしん》にはいろいろな権利《けんり》があります

アイドルの写真《しゃしん》は、雑誌《ざっし》などにのったものはもちろん、あなたが撮《と》った写真《しゃしん》だとしても、あなたのものではありません。たとえば、街《まち》で有名人《ゆうめいじん》を見《み》かけて撮影《さつえい》し、それをインターネットにアップした場合《ばあい》、罪《つみ》になることもあります。また、有名人《ゆうめいじん》のウワサなどをネットに書《か》いて、仕事《しごと》に悪《わる》いえいきょうが出《で》た場合《ばあい》も、罪《つみ》になることもあるのです。

ポスターを部屋《へや》にはって、あなただけが楽《たの》しむことはよいのですが、インターネットに公開《こうかい》すると、あなただけの楽《たの》しみではなくなってしまいます。くれぐれも注意《ちゅうい》しましょう。

動画《どうが》サイトを見《み》たい

見始《みはじ》めると何時間《なんじかん》も見《み》てしまう動画《どうが》。気《き》づくと大変《たいへん》なことにも！

おうちの人《ひと》に確認《かくにん》してルールは守《まも》って見《み》ましょう

スマホで動画《どうが》を見《み》るには、たくさんの通信量《つうしんりょう》が必要《ひつよう》。1日《にち》に何時間《なんじかん》も見《み》ていると、スマホ代《だい》が何万円《なんまんえん》にもなってしまったり、スマホの動《うご》きがおそくなって使《つか》えなくなったり困《こま》ったことに。

また、人気《にんき》アイドルのビデオやテレビ番組《ばんぐみ》などでも、本当《ほんとう》はアップロードやダウンロードしてはいけないのに、法《ほう》律違反《りついはん》をしている動画《どうが》もあります。有《ゆう》料《りょう》や、子《こ》どもが見《み》てはいけないものも。

動画《どうが》を見《み》るときは、スマホ代《だい》をはらってくれているおうちの人《ひと》に相談《そうだん》して「どのくらいの時間《じかん》見《み》てもいいか」「これは見《み》てよいのか」を確認《かくにん》。ルールを守《まも》るようにしましょう。

既読《きどく》スルーされた

「既読《きどく》スルー」でおこる気持《きも》ち、わかるけど、ちょっと考《かんが》えてみて。

わざとじゃないことも 相手《あいて》に理由《りゆう》を聞《き》いてみて

トークアプリなどで友《とも》だちとメッセージをやりとりしていると、メッセージが読《よ》まれた「既読《きどく》」になっているのに、返信《へんしん》が来《こ》ない「既読《きどく》スルー」になることも。でも、ちょっと待《ま》って。「既読《きどく》スルー」は、無視《むし》しているのではなく、返事《へんじ》ができない状況《じょうきょう》かもしれません。体調《たいちょう》が悪《わる》かったり、忘《わす》れていたりすることだってあります。そして、どうしてもすぐに返事《へんじ》が必要《ひつよう》なら、もう一度《いちど》メッセージしてみて。

あなたがおうちの人《ひと》と決《き》めたルールがあるときは、「家《いえ》のルールで○時《じ》すぎたら返信《へんしん》できないんだ」と前《まえ》もって伝《つた》えておくといいですね。

!? SNS《エスエヌエス》のグループからはずされた

とつぜん、友《とも》だちどうしのグループに入《はい》れなくなっていたら……!?

なかよしフレンズ
あ、グループにメッセージ送ろうっと
えっ！ きのうまで送れたのに 送れない！
はずされてる!?

「いじめ」かもしれない おとなに相談《そうだん》してみて

あなたが何《なに》もしていないのに、メッセージを送《おく》っても無視《むし》されたり、グループからはずされたりしたら……。まずはグループの中《なか》でいちばん仲《なか》のいい友《とも》だちに、個人的《こじんてき》に「わたし、はずされてる？」と聞《き》いてみましょう。

それでも返事《へんじ》がなく、あなたが「いじめられている、つらい」という気持《きも》ちになったとしたら、相手《あいて》が「いじめていない」と言《い》いはっても、「いじめ」になります。

一度《いちど》いじめが始《はじ》まってしまうと、子《こ》どもだけでは解決《かいけつ》できないことが多《おお》いです。「どうしよう」とおとなに相談《そうだん》して助《たす》けを求《もと》めていいのです。

SNS《エスエヌエス》で悪口《わるぐち》を書《か》かれた

急《きゅう》に悪口《わるぐち》を書《か》かれるとびっくりするし、悲《かな》しいですよね。

直接会《ちょくせつあ》って話《はな》すとまちがいとわかることも

SNS《エスエヌエス》でたくさん悪口《わるぐち》を書《か》かれるのは「いじめ」のようなもの。書《か》いた人《ひと》に会《あ》ったときに「こういうことを書《か》かれると悲《かな》しいから消《け》してほしい」と言《い》ってみてください。

よく聞《き》いてみると、相手《あいて》はあなたを傷《きず》つけるつもりではなかったのに、言《こと》葉《ば》が短《みじか》すぎて「悪口《わるぐち》だ」と感《かん》じてしまうこともあります。SNS《エスエヌエス》でのやりとりではなく、直接会《ちょくせつあ》うか電話《でんわ》をするかして話《はな》したほうがまちがいだとわかって仲直《なかなお》りしやすいです。

消《け》してほしいと頼《たの》んでも止《と》まらないなら、まずはおとなに相談《そうだん》を！　電話《でんわ》相談《そうだん》（P.206）もあります。

学校《がっこう》に行《い》きたくない

うらぎりものと いっしょに帰《かえ》るの やめなよ
うらぎり…？
あ リンちゃん！
ダッ
ちょっと これ見《み》て
ミック
リンちゃん きょうの やくそく どうしたの？
ララ☆
まってたのに！
ニコ
リン よるも へんじないの？
ニコ
おこ
ララ☆
リン どうした？
ニコ
むしするの？
マジでむし？？？
わたしたち 無視《むし》されたんだよ
だから ネットに リンのこと書《か》いちゃった
……

休《やす》み時間《じかん》
あれから1週間《しゅうかん》リンちゃんずっと学校《がっこう》休《やす》んでる…
リンが 来《こ》ないと気分《きぶん》いいね!
ずっと休《やす》めばいいのに
リンちゃんスマホ使《つか》えなかったんだよそんなこと言《い》うのやめなよ
だからリンちゃん休《やす》んでるんだよ!
陽菜《ひな》ちゃんかばうの?うらぎりものの味方《みかた》?
うらぎりものじゃないよ
陽菜《ひな》やめときなよ…
陽菜《ひな》ちゃんってちょっとナマイキだね

なんでそういうこと言《い》うの？
なに？
やめとけって
いじめ？女子《じょし》こえぇぇぇ！
男子《だんし》からちやほやされていばってんじゃないの!?
ムッ
もう授業《じゅぎょう》始《はじ》まるよ
放課後《ほうかご》
あっ
ひどい…
ナマイキ
ひなのバカ

下校中《げこうちゅう》
オレもいっしょに帰《かえ》っていい?
もちろん!
健人《けんと》くん　やさしい!
きょうあの子《こ》たちひどかったもんね
もう話《はな》さないほうがいいよ
う〜ん…
オレはああいうのが続《つづ》くなら先生《せんせい》に言《い》ったほうがいいと思《おも》う
あーあ
みんな　ふつうになかよくできないのかなぁ
陽菜《ひな》のこと思《おも》っていったのに!
ムッ
あっ美優《みゆう》ちゃん!
バイバイ!
○○公園
わたしが悪《わる》かったのかなあ?
美優《みゆう》ちゃんまでおこっちゃった…
しょぼん…

陽菜《ひな》のこと
心配《しんぱい》してたんだよ
陽菜《ひな》も美優《みゆう》も悪《わる》くないよ 悪《わる》いのはいじめをした人《ひと》たちだ
なんだか あした 学校《がっこう》に 行《い》きたくないよ
リンちゃんの 気持《きも》ち わかるよ
あしたは来《こ》いよ! みんな 来《き》てほしいと 思《おも》ってるよ
リンのことも 陽菜《ひな》のことも 先生《せんせい》に話《はな》したほうが いいと思《おも》う
おかあさん おとうさんにも それから美優《みゆう》には ちゃんと 気持《きも》ち伝《つた》えたほうがいいよ 相手《あいて》の気持《きも》ちも考《かんが》えて 自分《じぶん》の気持《きも》ちを伝《つた》えないと
はっ
そうだよね… きょう 美優《みゆう》ちゃんに 電話《でんわ》してあやまる!
リンちゃんが 元気《げんき》かどうかも 電話《でんわ》してみるね!
美優《みゆう》ちゃん さっきはごめんね あと ありがとう

友《とも》だちとのつきあい方《かた》

なかよしの友《とも》だちができるのは楽《たの》しいけど、「困《こま》ったな」「どうしよう」となやむことも。どうしたら楽《たの》しいつきあい方《かた》ができるかな？

自分《じぶん》がされてイヤなことはしない

仲《なか》がいい友《とも》だちどうしでも、おたがいが気持《きも》ちよくすごせるためにおぼえておきたいマナーがひとつあります。それは、あなたが「言《い》われたらイヤだな」「こういうことをされたらイヤだな」と思《おも》うことは、たとえじょうだんのつもりでも、友《とも》だちにしないこと。とくに見《み》た目《め》のことをいわれるのは傷《きず》つきますよね。見《み》た目《め》がちがうのはふつうのこと。**だれかの見《み》た目《め》のことをからかうのは、絶対《ぜったい》にやってはいけない**ことです。

もし、友《とも》だちがあなたのイヤだと思《おも》うことを言《い》ってきたり、やってきたりしたときは、「そういうふうに言《い》われると、悲《かな》しいからやめてほしいな」と勇気《ゆうき》を出《だ》して伝《つた》えましょう。仲《なか》のいい友《とも》だちなら、あなたが悲《かな》しい思《おも》いをしているのがわかるとやめてくれるはずです。

もしいじめがあったらどうしたらいい？

友《とも》だちやクラスのだれかがいじめられているのを見《み》たときは、まずは学校《がっこう》の先生《せんせい》に相談《そうだん》してください。**おうちの人《ひと》に相談《そうだん》して、学校《がっこう》の先生《せんせい》に話《はなし》をしてもらう**のがおすすめです。あなたが話《はな》したことはヒミツにしてもらい、アンケートをとるような形《かたち》で、クラスにいじめがないか確認《かくにん》してもらうといいでしょう。同《おな》じようにいじめをよくないと思《おも》っている友《とも》だちがいたら2、3人《にん》で学校《がっこう》の先生《せんせい》に相談《そうだん》しに行《い》くのも、本当《ほんとう》にいじめが起《お》きていることが先生《せんせい》に伝《つた》わりやすいです。

おうちの人《ひと》や学校《がっこう》の先生《せんせい》に相《そう》談《だん》しても、そのままになってしまうときは、スクールカウンセラーや、P.206～207の電《でん》話《わ》で相談《そうだん》してみましょう。

もしあなた自身《じしん》がいじめられていると感《かん》じたときは、おうちの人《ひと》でも、親《しん》せきでも「この人《ひと》なら聞《き》いてくれそう」と思《おも》うおとなに相談《そうだん》してみましょう。学《がっ》校《こう》の中《なか》で話《はな》しやすい先生《せんせい》、スクールカウンセラー、だれでもいいです。ただ、おこりっぽい人《ひと》だと「いじめられたらやり返《かえ》せ！」とあなたがのぞんでいない返事《へんじ》が返《かえ》ってくることも。「おこりっぽくて苦手《にがて》だな」と思《おも》う人《ひと》には相談《そうだん》しないで。どうしてもまわりのおとなに話《はな》しづらいときは、住《す》んでいる地域《ちいき》の児童相談所《じどうそうだんじょ》や、P.206～207の電話相談《でんわそうだん》に！

前《まえ》からなかよしの友《とも》だちと合《あ》わなくなった

あなたも友《とも》だちも心《こころ》が成長《せいちょう》しているとちゅう。少《すこ》しずつ好《す》きなことや考《かんが》えていることが変《か》わるのはあたりまえです。今《いま》まではなかよしだった友《とも》だちと合《あ》わなくなることもあります。

ひとりになるのは不安《ふあん》ですし、友《とも》だちに合《あ》わせるほうが安心《あんしん》できるでしょう。でも、ひとりの友《とも》だちに合《あ》わせなくても、たまに「わたしは○○のほうが好《す》き」と伝《つた》えると、同《おな》じことを好《す》きな友《とも》だちがグループの中《なか》やクラスで見《み》つかるかもしれません。

おとなになると、ひとりでも自信《じしん》を持《も》って行動《こうどう》することも大《だい》事《じ》になるので、**たまには友《とも》だちからはなれて、ひとりですごす時間《じかん》をつくり、自分《じぶん》がワクワクすることをやるのもいいですね。**

新《あたら》しい友《とも》だちをつくりたい

クラスや塾《じゅく》に、なかよくなりたい子《こ》がいるなら、「○○ちゃん、おはよう」「バイバイ！」と笑顔《えがお》で相手《あいて》に聞《き》こえる声《こえ》であいさつをしてみましょう。まだなかよくなっていない子《こ》からでも、あいさつをされてイヤだと感《かん》じる人《ひと》はあまりいないですよね。

あいさつのあとに「きょうの服《ふく》、かわいいね」「国語《こくご》の時間《じかん》は○○だね」などその日《ひ》の予定《よてい》や相《あい》手《て》の服《ふく》や持《も》ち物《もの》の話《はなし》をするともりあがりやすいです。あいさつをする以外《いがい》にも、その子《こ》がそうじをしていたら、いっしょにそうじをしたり、**友《とも》だちがして**

いるのと同《おな》じことをしてみます。自分《じぶん》と同《おな》じことをしているのがわかると、なんとなく親《した》しみがわいて、もっとなかよくなりやすいものです。

友《とも》だちって絶対《ぜったい》に必要《ひつよう》なもの？

あなたにとって友《とも》だちは必要《ひつよう》ですか？ 困《こま》ったときに助《たす》けてくれたり、あなたが悲《かな》しいときははげましてくれていっしょに悲《かな》しんでくれたりすると「友《とも》だちがいてよかったな」と思《おも》うでしょう。あなたも「困《こま》ったときに助《たす》けてあげたい」と思《おも》えるような友《とも》だちがいるなら、それはとてもステキなことです。

ひとりで行動《こうどう》するのは不安《ふあん》だし、まわりから「友《とも》だちがいない人《ひと》」だと思《おも》われるのもこわいから友《とも》だちがいたほうがいいと思《おも》う人《ひと》もいるでしょう。でも、そのためにあまり合《あ》わない子《こ》にずっと合《あ》わせているのは疲《つか》れてしまいます。**友《とも》だちはいたほうがいいですが、ムリにつくる必要《ひつよう》はありません。**ただ、どんな友《とも》だちも急《きゅう》になかよくなれるものではないので「この子《こ》とはなかよくなれそう」と思《おも》う子《こ》がいたら自分《じぶん》から話《はな》しかけて、少《すこ》しずつ距離《きょり》をちぢめていきましょう。なかよしの友《とも》だちでも意見《いけん》がちがってしまうことや、ケンカをしてしまうこともあります。同《おな》じところもたくさんあるけど、おたがいのちがうところも認《みと》めあえるのが、本当《ほんとう》に仲《なか》のいい友《とも》だちなのかもしれません。

学校《がっこう》・友《とも》だちのおなやみ Q&A

あたりまえに毎日通《まいにちかよ》ってる学校《がっこう》も、毎日話《まいにちはな》している友《とも》だちも、急《きゅう》にあたりまえじゃなくなることが。そんなときはどう乗《の》りこえれば？

Q 学校《がっこう》に行《い》きたくない… 行《い》けない…

A 行《い》けない理由《りゆう》を考《かんが》えて おうちの人《ひと》に相談《そうだん》を

学校《がっこう》に行《い》きたくない気持《きも》ちになったら、まずは、どうしてなのか考《かんが》えてみましょう。クラスに苦手《にがて》な子《こ》がいる、担任《たんにん》の先生《せんせい》がこわい、体《からだ》の調子《ちょうし》がよくない、勉強《べんきょう》がよくわからない……。学校《がっこう》に行《い》きたくない理由《りゆう》は人《ひと》によってちがいますよね。クラスに苦手《にがて》な子《こ》がいるときは、勇気《ゆうき》を出《だ》してあいさつをして話《はな》しかけてみると、意外《いがい》と話《はな》せることも。こわい先生《せんせい》もゆっくり話《はな》すと、あなたの気持《きも》ちを真《しん》

剣《けん》に聞《き》いてくれるかもしれません。

でも、どうしてもこわくてつらくて学校《がっこう》に行《い》けないなら、おうちの人《ひと》に相談《そうだん》して学校《がっこう》を休《やす》んでも。苦手《にがて》な子《こ》やこわいと感《かん》じる先生《せんせい》と同《おな》じ教《きょう》室《しつ》にいるのがつらいなら、保健室《ほけんしつ》で勉強《べんきょう》できるかどうかおうちの人《ひと》から学校《がっこう》に相談《そうだん》してもらいましょう。

学校《がっこう》の勉強《べんきょう》がよくわからなくて学校《がっこう》に行《い》きたくないときも、おうちの人《ひと》に一度《いちど》相談《そうだん》してみましょう。あなたはどんな勉強《べんきょう》が苦手《にがて》なのか話《はな》して、学校《がっこう》の先生《せんせい》やスクールカウンセラーに相《そう》談《だん》してもらいましょう。

体調《たいちょう》が悪《わる》いのなら、おうちの人《ひと》に相談《そうだん》して、病院《びょういん》に行《い》ったほうがいいですが、朝起《あさお》きるのがつらいこともあるでしょう。**思春期《ししゅんき》に女《おんな》の子《こ》の体《からだ》を女性《じょせい》らしくする女性《じょせい》ホルモンが増《ふ》えることで、起《お》きづらくなることも**あります。

また、夜《よる》にスマホ、タブレット、パソコンをやりすぎると、脳《のう》が興奮《こうふん》してぐっすりねむれず、起《お》きられなくなることが。心《こころ》あたりがあれば、**寝《ね》る1時間前《じかんまえ》からはスマホなどは見《み》ないように**してみましょう。朝《あさ》、起《お》きたら、窓《まど》のそばに立《た》って、5分《ふん》くらい太陽《たいよう》の光《ひかり》を浴《あ》びると、すっきり起《お》きやすくなります。夜《よる》、なかなか寝《ね》つけなくて夜《よ》ふかししてしまうなら、夕方《ゆうがた》17時《じ》くらいにラジオ体操《たいそう》をすると、あまった体力《たいりょく》を使《つか》いきることができて、夜《よる》ぐっすりねむりやすくなりますよ。

Q 友《とも》だちから悪《わる》いことにさそわれたら？

A 仲《なか》のいい友《とも》だちでもことわるのがいちばん

友《とも》だちにきらわれるのが心配《しんぱい》だと思《おも》いますが、たとえ仲《なか》がいい友《とも》だちからのさそいでも、ルールをやぶるようなこと、やってはいけないことのさそいにのってしまうと、次《つぎ》からもさそわれてしまって、あなたがもっと苦《くる》しむことに。きっぱりことわるのがいちばんです。友《とも》だちの鼻《はな》のあたりを見《み》ながら、しっかりと「学校《がっこう》のルールでいけないことだから、わたしはやらないでおくね」と言《い》うと、気持《きも》ちが伝《つた》わりやすいです。

Q 友《とも》だちがいない

A なかよくなれそうな友《とも》だちグループに声《こえ》をかけてみて

友《とも》だちがいないのがさみしいときは、なかよくなってみたい子《こ》たちに、まず笑顔《えがお》であいさつをしてから「わたしもいっしょに○○してもいい？」と声《こえ》をかけてみて。もしうまくいかなければ、ムリに入《い》れてもらわず、ほかに自分《じぶん》に合《あ》いそうなグループや友《とも》だちをさがしてみます。

でも、もしあなたがさみしくないなら、ひとりでいたってかまわないのです。**ひとりの時間《じかん》を楽《たの》しむことだって大切《たいせつ》**ですよ。

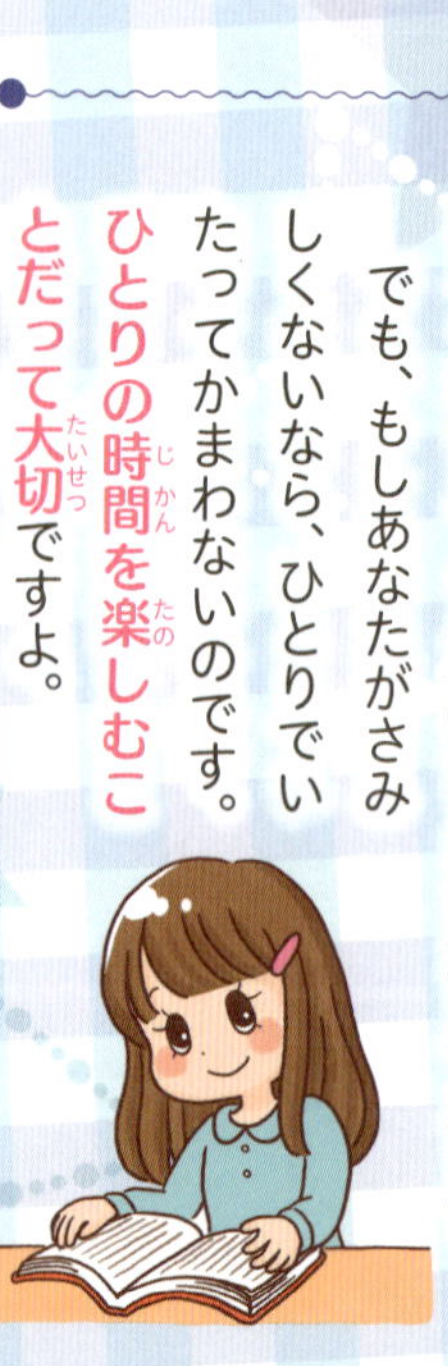

Q 友《とも》だちとトラブルになっちゃった

A 物《もの》やお金《かね》のかしかりはしない

友《とも》だちと意見《いけん》がちがってしまったことが原因《げんいん》でケンカになったなら、思《おも》いきって自分《じぶん》から悪《わる》かったところをあやまることで、仲直《なかなお》りができるでしょう。

でも、友《とも》だちと物《もの》やお金《かね》のかしかりでトラブルが起《お》きたときは、解決《かいけつ》がむずかしいものです。「かしたのに返《かえ》してもらえない」「かりたのになくしてしまった、こわしてしまった」などのトラブルは、かんたんに仲直《なかなお》りできなくなってしまうことも。**友《とも》だちどうしでも、お金《かね》や物《もの》のかしかりはやめておきましょう。**もし友《とも》だちから「お金《かね》をかして」と言《い》われても、「家《いえ》で、お金《かね》をかしたらダメって言《い》われてるから」と話《はな》してかさないで。もし、何度《なんど》も言《い》われるようなら、必《かなら》ず、おうちの人《ひと》に相談《そうだん》してください。

もしあなたが、友《とも》だちにかりたものをこわしたりなくしたりしたときは、正直《しょうじき》に友《とも》だちに「ごめんなさい」とあやまりましょう。友《とも》だちにどうしたらいいか聞《き》いて、買《か》って返《かえ》すことになったら、おうちの人《ひと》にも話《はな》しましょう。

おとなとのつきあい方《かた》

バタ
バタ
ねえねえ
ぬっ
ひとりで帰《かえ》るの?車《くるま》で送《おく》ってあげようか
!!
いいですっ!
ダッ
ただいまー!おなかすいたー!今《いま》さー ヘンな人《ひと》に話《はな》しかけられて…
陽菜《ひな》! いつもよりおそいわよね!ヘンな人《ひと》ってなに!
ちょっと友《とも》だちと話《はな》してただけだよ!ヘンな人《ひと》と話《はな》したわけじゃないよ!
うるさいなぁ
友《とも》だちってだれ?美優《みゆう》ちゃんから電話《でんわ》あったわよ!?
だれでもいいでしょ!それよりおなかすいたってー
ごはんどころじゃないでしょ!その前《まえ》にちゃんと話《はな》しなさい
うるさいなぁもうママなんてキライ!!

コンコン
陽菜《ひな》ちゃん
おにぎり食《た》べて
早紀《さき》ちゃん
うっうっ
ひっく
ありがとうー!
これ
ほんとは
おかあさん
からだよ
おかあさんね
とても心配《しんぱい》
してたんだよ
えーっ
そうかなあ…
きのうね　学校《がっこう》で
友《とも》だちにイヤなこと
されてね
リンちゃんのことも
あるし　健人《けんと》くんに
相談《そうだん》してたんだよ…
ママにも言《い》ったほうが
いいって言《い》われたけど
言《い》えないよ
そうだったんだね…

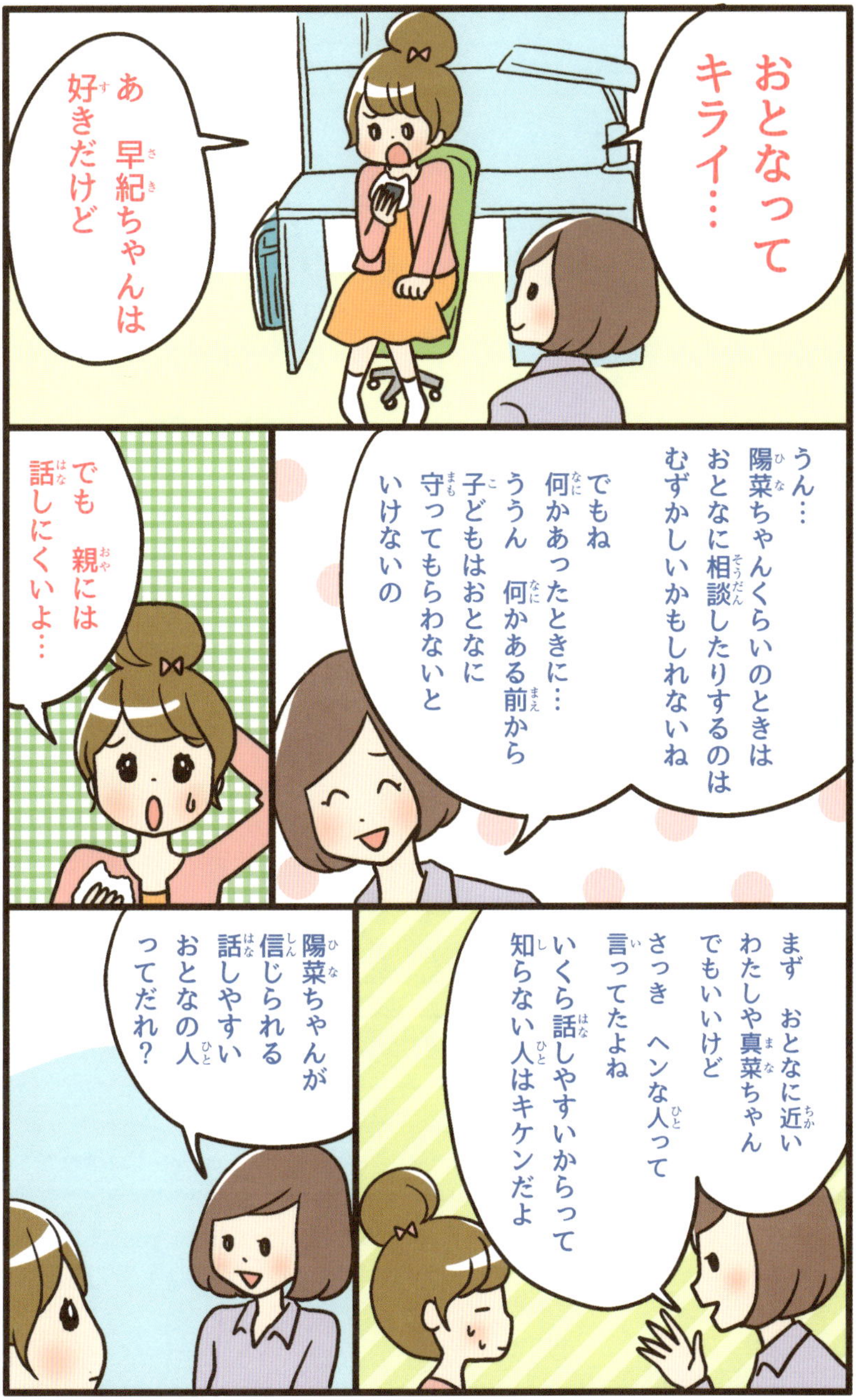
おとなってキライ…
あ 早紀《さき》ちゃんは好《す》きだけど
うん… 陽菜《ひな》ちゃんくらいのときはおとなに相談《そうだん》したりするのはむずかしいかもしれないね でもね 何《なに》かあったときに… ううん 何《なに》かある前《まえ》から子《こ》どもはおとなに守《まも》ってもらわないといけないの
でも 親《おや》には話《はな》しにくいよ…
まず おとなに近《ちか》いわたしや真菜《まな》ちゃんでもいいけど さっき ヘンな人《ひと》って言《い》ってたよね いくら話《はな》しやすいからって知《し》らない人《ひと》はキケンだよ
陽菜《ひな》ちゃんが信《しん》じられる話《はな》しやすいおとなの人《ひと》ってだれ？

うーん…
担任《たんにん》の先生《せんせい》は ちょっとこわいかな
保健室《ほけんしつ》の先生《せんせい》は やさしい
それから バレエの先生《せんせい》も こわいけど 信《しん》じられる
それから 早紀《さき》ちゃんところのおばさん
おばあちゃん おじいちゃん…
いっぱいいるよね
学校《がっこう》のことは学校《がっこう》の先生《せんせい》が いいかもしれないけど 陽菜《ひな》ちゃんがほんとに 困《こま》ったら 助《たす》けてくれる おとなは絶対《ぜったい》にいるからね まわりを見回《みまわ》してみて
うん うん
それから やっぱり
ママと パパ…
うん もちろん そうだね 陽菜《ひな》ちゃんのママとパパは もちろんだけど あなたのことをむかしから 知《し》っていて見守《みまも》ってくれている おとなに相談《そうだん》してね

でもね　悲《かな》しいことだけど　悪《わる》いおとなも　いるんだよね
よく知《し》らないのに　「うちにおいで」とか　「服《ふく》を買《か》ってあげる」　とかね…
知《し》らない人《ひと》には　絶対《ぜったい》について　いっちゃダメ　思春期《ししゅんき》の女《おんな》の子《こ》は　自分《じぶん》の身《み》を守《まも》ることも　考《かんが》えてね
うん…　ほんとに　そうだね…
わたし　ママに　あやまってくる！
それから　きのうのことも　相談《そうだん》してみるよ
うん　うん
ママ　ごめんね！
困《こま》ったことや　相談《そうだん》したいことは　まずおとなに　話《はな》してみようね！

おとなとうまくいかないとき

思春期《ししゅんき》になると、今《いま》までみたいにおとなと話《はな》すことができないことも。おとなとうまくいかないときはどうしたらいいのかな？

先生《せんせい》とうまくいかない

先生《せんせい》の中《なか》には、「すぐにおこってこわい」「イヤな言《い》い方《かた》をする」など、話《はな》しづらい先生《せんせい》もいるかも。**おとなでも子《こ》どもでも、苦手《にがて》な人《ひと》がいるのはふつうのこと。**先生《せんせい》に対《たい》して「苦手《にがて》だな」と思《おも》うこともあるかもしれません。顔《かお》を合《あ》わせる時間《じかん》の長《なが》い担任《たんにん》の先生《せんせい》が苦手《にがて》だとつらいですよね。でも一度《いちど》、先生《せんせい》とゆっくり話《はな》してみたら、印象《いんしょう》が変《か》わるかもしれません。それでもやはり苦手《にがて》なら、「おはようございます」「さようなら」などあいさつだけはきちんとするようにして、学校生活《がっこうせいかつ》で困《こま》ったことがあったときは、担任《たんにん》の先生《せんせい》以外《いがい》の話《はな》しやすい先生《せんせい》や保健室《ほけんしつ》の先生《せんせい》に相《そう》談《だん》するのもテです。

苦手《にがて》な先生《せんせい》にあいさつをするのも、顔《かお》を見《み》るのもつらいときには、となりのクラスの先生《せんせい》、

去年《きょねん》の担任《たんにん》の先生《せんせい》、保健室《ほけんしつ》の先生《せんせい》などだれでもいいので話《はな》しやすい先生《せんせい》に相談《そうだん》してみてください。教室《きょうしつ》で授業《じゅぎょう》が受《う》けられないほど苦手《にがて》だと思《おも》うときは、保健室《ほけんしつ》で授業《じゅぎょう》を受《う》けられることもあります。

家族《かぞく》と仲《なか》がよくない、うまくいっていない

おうちの人《ひと》がすぐにおこる、何《なに》をお願《ねが》いしても「ダメ」と言《い》うのはあなたをキケンなことから守《まも》るためでもあります。でも、言《い》い方《かた》がおかしいとかイヤだなと思《おも》ったときは「そういう言《い》い方《かた》は傷《きず》つくからやめて」と気持《きも》ちを伝《つた》えてみましょう。気持《きも》ちを伝《つた》えることで、言《い》い方《かた》を変《か》えてくれることもあります。

おうちの人《ひと》が「なぐったり暴《ぼう》力《りょく》をふるってきたりする」「食《しょく》事《じ》を用意《ようい》してくれない日《ひ》が多《おお》い」「バカにしたり、否定《ひてい》するような言《い》い方《かた》ばかりする」「体《からだ》にいやらしくさわってくる」場合《ばあい》は「虐待《ぎゃくたい》」といわれる状況《じょうきょう》です。「虐待《ぎゃくたい》」はあなたに悪《わる》いところがあるからされているのではありません。必《かなら》ず学校《がっこう》の先生《せんせい》または親《しん》せきなどおうちの人《ひと》以外《いがい》のおとなに相談《そうだん》して、助《たす》けを求《もと》めてください。学校《がっこう》の先生《せんせい》であれば、担任《たんにん》の先生《せんせい》でも、保健室《ほけんしつ》の先生《せんせい》でも、教頭先生《きょうとうせんせい》や校長先生《こうちょうせんせい》でもいいです。もし相談《そうだん》できるおとながまわりにいなければ、P.206を見《み》て、「子《こ》どもの人《じん》権《けん》110番《ばん》」などに電話《でんわ》で相談《そうだん》をしても。**ひとりでガマンしないでください！**

おとなとのおなやみ Q&A

おとなとのつきあい方《かた》でうまくいかないことや困《こま》ってしまうこと、どうしたらいいのかいっしょに考《かんが》えてみよう！

Q いつも先生《せんせい》から自分《じぶん》だけおこられる

A なぜおこられているのか 理由《りゆう》を考《かんが》えてみよう

まずは「なぜおこられるのか?」理由《りゆう》を考《かんが》えてみてください。「忘《わす》れ物《もの》が多《おお》い」「授業中《じゅぎょうちゅう》によそ見《み》をしている」「そうじをサボる」など自分《じぶん》にいけないところがあるなら、先生《せんせい》はあなたに「ちゃんとできるようになってほしい」という気持《きも》ちでおこっているはず。ただ、どれだけ気《き》をつけても、がんばっても、生《う》まれつき苦手《にがて》で、忘《わす》れ物《もの》をしたり、よそ見《み》をしたりしてしまう人《ひと》もいます。その場合《ばあい》は、一度《いちど》スクールカウンセラーや保健室《ほけんしつ》の先生《せんせい》に相談《そうだん》を。

Q おとなと接《せっ》するのがこわく感《かん》じる

A まずはあいさつから始《はじ》めると話《はな》しやすくなっていくかも

なんとなくおとなと話《はな》すのがこわいとか、キンチョーする気持《きも》ちは、思春期《ししゅんき》ならあってもおかしく

ありません。まずは学校《がっこう》の先生《せんせい》や近所《きんじょ》の人《ひと》、親《しん》せきなど知《し》っているおとなだけでいいので、あいさつをするのを心《こころ》がけましょう。あいさつすると、相手《あいて》から話《はな》しかけられることも。ムリにいろいろ話《はな》さなくても、聞《き》かれたことに答《こた》えているうちに、話《はな》しやすくなっていくこともあります。

もし「暴力《ぼうりょく》をふるわれる」「ずっとひどいことを言《い》われる」「イヤなことをされる」など、おとなをこわいと思《おも》っている原因《げんいん》があるなら、すぐにほかのおとなに助《たす》けを求《もと》めましょう。**あなたを守《まも》ろうとしてくれるおとなは必《かなら》ずいます。**こわいのがおうちの人《ひと》でないなら、おうちの人《ひと》に。おうちの人《ひと》に相談《そうだん》しづらいなら、保健室《ほけんしつ》の先生《せんせい》やスクールカウンセラーなど、学校《がっこう》の話《はな》しやすい先生《せんせい》に相談《そうだん》してみてください。

Q なやみを打《う》ちあけたら「うるさい」と言《い》われた

A おとなも疲《つか》れているとイライラしてしまうことが

あなたも疲《つか》れているときやいそがしいときに話《はな》しかけられたら、ゆっくり話《はなし》を聞《き》くのがむずかしいと思《おも》いませんか？　おとなも相談《そうだん》したときに仕事《しごと》で疲《つか》れていたり、体調《たいちょう》が悪《わる》かったり、なやみがあったり調子《ちょうし》がよくないと「うるさい！」とおこってしまうことがあるんです。

まわりのおとなに相談《そうだん》をするときは、いそがしそうにしているときよりも、**ゆっくりしているようなときに話《はな》しかけるのがおすすめ。**なかなかゆっくりしているときがないなら、「〇〇のことを相談《そうだん》したいから、いつなら話《はな》せるかな？」と聞《き》いておくといいでしょう。

ただ、すべてのおとながなんでも知《し》っているわけではありません！　わからないことを聞《き》かれると「そんなの知《し》らない」と言《い》ってしまうことも。次《つぎ》のページを参考《さんこう》に、自分《じぶん》のなやみに合《あ》わせて、相談《そうだん》する相手《あいて》を考《かんが》えてみてくださいね。

Q だれになやみを打《う》ちあけたらいい？

A **なやみの内容《ないよう》ごとにぴったりな相談相手《そうだんあいて》を選《えら》んで**

勇気《ゆうき》を出《だ》してなやみを相談《そうだん》したのに「わからない」と冷《つめ》たく言《い》われたり、「おまえが悪《わる》い！」とおこられたりしたら、ますます傷《きず》ついてしまいます。相談《そうだん》するときは、**話《はなし》をよく聞《き》いていっしょに考《かんが》えてくれそうな人《ひと》や、おこりっぽくない人《ひと》を選《えら》んだほうがいいでしょう。**

また、なやみについてよく知《し》っている相談相《そうだんあい》手《て》を選《えら》ぶのもポイント。体《からだ》や生理《せいり》のなやみなら、おうちの人《ひと》より保健室《ほけんしつ》の先生《せんせい》のほうがくわしいことも。保健室《ほけんしつ》の先生《せんせい》は、体《からだ》や生理《せいり》のこと以外《いがい》にも、うちでのなやみも聞《き》いていっしょに考《かんが》えてくれます。心《こころ》のなやみ・学校《がっこう》のなやみなら、あなたの学校《がっこう》に来《き》ているスクールカウンセラーに。スクールカウンセラーが来《き》ていないときは、話《はな》しやすい学校《がっこう》の先生《せんせい》に相談《そうだん》してみましょう。

最初《さいしょ》に相談《そうだん》した人《ひと》が思《おも》ったようなアドバイスをしてくれなかったときも、**あきらめずにもう少《すこ》しだけ別《べつ》のおとなに相談《そうだん》してみてください。**そのときも、塾《じゅく》や習《なら》いごとの先生《せんせい》など、あなたを知《し》っているおとなや、P.206の電《でん》話相談《わそうだん》などに。本《ほん》当《とう》の名前《なまえ》や顔《かお》がわからない、ネットで出会《であ》った人《ひと》は絶対《ぜったい》に避《さ》けましょう。

自分《じぶん》の身《み》を守《まも》るために

思春期《ししゅんき》になると、ひとりで行動《こうどう》することが増《ふ》えるよね。でも、悪《わる》いおとながあなたをねらっていて、傷《きず》つけようとすることも。大事《だいじ》なあなたのことを守《まも》るためにおぼえておいてほしいことがあるよ。

帰《かえ》りがおそくなるときはおうちに連絡《れんらく》する

「ちょっとくらいおそくなってもだいじょうぶだよね」と思《おも》うかもしれないけど、おうちの人《ひと》はあなたのことを心配《しんぱい》しているもの。帰《かえ》りがおそくなるときは「どのくらいおそくなりそうなのか、どこにいるのか、いっしょにいる友《とも》だちはだれなのか」を話《はな》しておこう。

防犯《ぼうはん》ブザーを持《も》つ

知《し》らない人《ひと》に連《つ》れていかれそうになったり、おとなにさわられたりしたとき、びっくりして声《こえ》が出《で》ないときも、防犯《ぼうはん》ブザーを鳴《な》らせば、まわりに助《たす》けを求《もと》めることができるよ。学校《がっこう》や、塾《じゅく》、習《なら》いごと、友《とも》だちと遊《あそ》ぶときなど外出《がいしゅつ》するときは必《かなら》ず持《も》っておこう。

知《し》らない人《ひと》とは会《あ》わない

SNS《エスエヌエス》やインターネットなどで知《し》りあった人《ひと》の中《なか》には、あなたをだまそうと近《ちか》づいてくる悪《わる》いおとながいることも。ネットでは仲《なか》がよくても、本当《ほんとう》の名前《なまえ》や住《す》んでいるところがわからない人《ひと》、以前《いぜん》から知《し》らない人《ひと》と会《あ》うのはとてもキケン！「会《あ》おう」と言《い》われても絶対《ぜったい》に会《あ》わないで！

なるべくエレベーターにひとりでのらない

エレベーターにひとりでのろうとしたところに、あなたをねらうおとながいっしょにのってきて、おそわれることも考《かんが》えられるよ。もしエレベーターにおとなとふたりきりになりそうなときはのるのをやめて。エレベーターにのるときは非常《ひじょう》ボタンや階数《かいすう》ボタンのすぐ近《ちか》くのドアの前《まえ》で、かべに背中《せなか》を向《む》けて立《た》つようにしてね。

よく知《し》らない人《ひと》についていかない

学校《がっこう》、塾《じゅく》や習《なら》いごとに行《い》くとちゅうでよく会《あ》う人《ひと》と顔見知《かおみし》りになって、「おいしいものを食《た》べに行《い》こう」などとさそわれることもあるかも。また「道《みち》がわからないから教《おし》えてほしい」など困《こま》ったふりをして近《ちか》づいてくるおとなも。何《なに》を言《い》われても「用事《ようじ》があるからすみません」とことわって逃《に》げて！

何《なに》かあったら助《たす》けを求《もと》める

あぶないめにあったときは、大声《おおごえ》を出《だ》すのでも、防犯《ぼうはん》ブザーを鳴《な》らすのでもいいので、ほかのおとなに助《たす》けを求《もと》めよう。にげるときも駅《えき》やお店《みせ》、コンビニの中《なか》などほかのおとながいるところににげるのがいいよ。

「いかのおすし」をおぼえよう

自分《じぶん》の身《み》を守《まも》るためにおぼえておこうね。

- 知《し》らない人《ひと》について「いか」ない。
- 知《し》らない人《ひと》の車《くるま》に「の」らない。
- あぶないときは「お」おごえを出《だ》す。
- 人《ひと》のいるところに「す」ぐににげる。
- まわりのおとなに「し」らせる。

出《で》かけるときは帰《かえ》る時間《じかん》と場所《ばしょ》を言《い》っておく

子《こ》どもだけで出《で》かけたいときは必《かなら》ずおうちの人《ひと》に相談《そうだん》してから。行《い》く場所《ばしょ》、いっしょに行《い》く友《とも》だちの名前《なまえ》、帰《かえ》る時間《じかん》を伝《つた》えておこう。塾《じゅく》や習《なら》いごとにひとりで行《い》くときも、何時《なんじ》に終《お》わって何時《なんじ》に帰《かえ》ってくるのか伝《つた》えて、おそくなるときはむかえに来《き》てもらうと安心《あんしん》だよ。

なるべくひとりで出《で》かけない ひとりにならない

近《ちか》くのコンビニやスーパーでも、暗《くら》くなってからは、悪《わる》いおとなにねらわれることが。なるべくおうちの人《ひと》についてきてもらおう。外《そと》でトイレに行《い》くときもひとりにならないように気《き》をつけて。友《とも》だちやおうちの人《ひと》がいればいっしょに行《い》くか、ほかのおとなの女性《じょせい》が歩《ある》いているとき、いっしょにトイレに向《む》かうようにしてね。

めぐみ先生《せんせい》からメッセージ

おわりに

あせらなくてもだいじょうぶ

思春期《ししゅんき》には、いろいろななやみがあるものです。

生理《せいり》のことや胸《むね》のこと、おしゃれのことや、友《とも》だちづきあいのこと、次《つぎ》から次《つぎ》へと気《き》になるかもしれませんね。

だれかを好《す》きになって、恋《こい》をして、ドキドキしたり、自分《じぶん》でもどうしたらいいのかわからなくなることもあるでしょう。

あなただけではなく、みんながそれぞれになやみがあります。

なやんだときには、この本《ほん》を読《よ》み返《かえ》して、「これってこういうことだったんだ！」と少《すこ》しでも安心《あんしん》できるよう願《ねが》っています。

なやんでいることに、「これが正解《せいかい》」ということはあまりないです。

みんながそれぞれに、「これがしっくりするな」と、自分《じぶん》になじむ答《こた》えを見《み》つけることができ、なやみを乗《の》りこえていけます。

自分《じぶん》のなやみと真剣《しんけん》に向《む》き合《あ》いながら、「こうしていこう」と考《かんが》えていくことは、あなたを豊《ゆた》かに育《そだ》ててくれるでしょう。きれいな花《はな》が咲《さ》くように、魅力的《みりょくてき》なおとなへと成長《せいちょう》させてくれます。

でも、ひとりでいろいろとなやんでつらくなってしまったときには、お友《とも》だちや相談《そうだん》しやすいおとななど、だれかと話《はな》すことで「わたしはこうしてみたらうまくいったよ」と教《おし》えてもらうことができ、なやみの出口《でぐち》が見《み》つかることもあります。

相談《そうだん》するのは、はずかしいかもしれませんが、ひとりでつらくなってしまったときには、だれかに頼《たよ》って手伝《てつだ》ってもらってもいいのです。

おとなだって、思春期《ししゅんき》のときにはいろいろなやんでいました。あなたのなやみのことだって、おかしいとは思《おも》わないはず。
ただ、おとなもいそがしいとき、疲《つか》れているとき、イライラしてしまうときがあるもの。そんなときには、うまく相談《そうだん》にのれないこともあります。

また、本当《ほんとう》の名前《なまえ》もよく知《し》らないようなおとなの中《なか》には、話《はなし》を聞《き》くふりをしてあなたをだまして悪《わる》いことをしようとする人《ひと》もいます。大事《だいじ》なあなたを悪《わる》いおとなから守《まも》るためにも、相談《そうだん》をするときには、よく知《し》らない人《ひと》には注意《ちゅうい》をしてほしいです。

でも、あなたの話《はなし》を聞《き》いてくれるおとなは、必《かなら》ずいます！
あなたはひとりではないです。

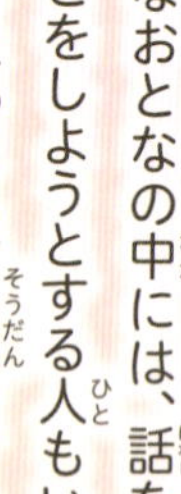

わたしたちは、おとなも子《こ》どもも助《たす》けあって生《い》きています。
子《こ》どもはおとなに守《まも》ってもらうことが多《おお》いですが、子《こ》どもの存在《そんざい》がおとなの心《こころ》を助《たす》けることもあります。
あなたも、だれかに相談《そうだん》して助《たす》けてもらったら、おとなになったときにだれかを助《たす》けてあげてください。

だから今《いま》は、あなたがなやんでつらくなったときには、相談《そうだん》しやすいおとなに相談《そうだん》して手伝《てつだ》ってもらってもいいし、助《たす》けてもらってもいいということを忘《わす》れないでください。

「世界《せかい》でたったひとりしかいない大切《たいせつ》なあなた」が、きれいな花《はな》のように、ステキなおとなへと成長《せいちょう》していくことを応援《おうえん》しています！

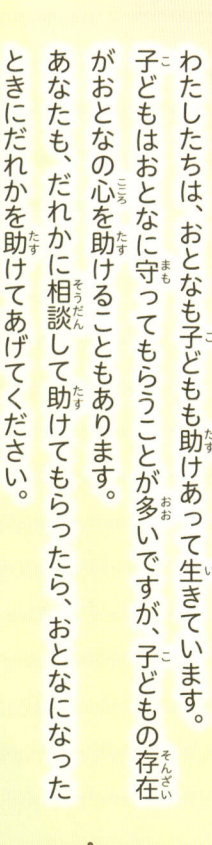

もしものときのお助《たす》けダイヤル

困《こま》ったことやなやみはまわりのおとなに相談《そうだん》できるといいけど、相談《そうだん》できる相手《あいて》が見《み》つからないときや勇気《ゆうき》が出《で》ないときもあるよね。そんなときは電話《でんわ》でなやみを相談《そうだん》してみてね。

いじめられたり、暴力《ぼうりょく》をふるわれたりしたら

「学校《がっこう》でいじめられている」「学校《がっこう》に行きたくない」「いつも家族《かぞく》になぐられている」「家族《かぞく》にひどいことをされている」「いつも食事《しょくじ》をもらえない」など、つらいなやみがあるときは、ひとりでなやまず、専門《せんもん》の相談員《そうだんいん》さんに相談《そうだん》してね。

●子《こ》どもの人権《じんけん》110番《ばん》

0120-007-110

電話料金《でんわりょうきん》がかかりません

月曜《げつよう》～金曜《きんよう》（祝日以外《しゅくじついがい》） 午前《ごぜん》8時《じ》30分《ぷん》～午後《ごご》5時《じ》15分《ふん》

※メール相談《そうだん》も受《う》けつけています（子《こ》どもの人権《じんけん》SOS《エスオーエス》－eメール《イー》）。

http://www.jinken.go.jp/

●24時間子供《じかんこども》SOSダイヤル

0120-0-78310

電話料金《でんわりょうきん》がかかりません

夜間《やかん》・休日《きゅうじつ》でもOK《オーケー》

http://www.mext.go.jp/ijime/detail/dial.htm

18歳《さい》までの子《こ》どもが相談《そうだん》できる

なやんでいること、困《こま》っていることがあるけど、まわりの人《ひと》にはいえないとき、なんとなくだれかと話《はな》したいとき、あなたの気持《きも》ちをボランティアのおとなが聴《き》いてくれ、どうしたらいいのかいっしょに考《かんが》えてくれるよ。携帯電話《けいたいでんわ》や公衆電話《こうしゅうでんわ》からでも無料《むりょう》でかけられるよ。

●チャイルドライン®

0120-99-7777

電話料金《でんわりょうきん》がかかりません

毎日《まいにち》　午後《ごご》4時《じ》〜午後《ごご》9時《じ》（12/29 〜 1/3 お休《やす》み）

※チャットで相談《そうだん》できる日《ひ》もあるよ。

http://www.childline.or.jp/

おうちの人《ひと》が相談《そうだん》できるところも

救急《きゅうきゅう》ではないけど子《こ》どもの健康《けんこう》のことや成長《せいちょう》のことが気《き》になるとき、住《す》んでいる市町村《しちょうそん》にある保健所《ほけんじょ》や保健《ほけん》センター、健康《けんこう》センターにいる保健師《ほけんし》に、電話《でんわ》や直接《ちょくせつ》会《あ》って、無料《むりょう》で相談《そうだん》することができます。
専門《せんもん》の病院《びょういん》の紹介《しょうかい》や「どの診療科《しんりょうか》を受診《じゅしん》したらいい?」などの相談《そうだん》にものります。子《こ》どもの生理《せいり》の相談《そうだん》にものることができます。くわしくは地域《ちいき》の保健《ほけん》センターか保健所《ほけんしょ》に電話《でんわ》で聞《き》いてみてください。

電話《でんわ》がかけられなかったら

おうちの人《ひと》に相談《そうだん》しにくいことなら、保健室《ほけんしつ》の先生《せんせい》やスクールカウンセラーに相談《そうだん》してみて。保健室《ほけんしつ》の先生《せんせい》は生理《せいり》のことや体《からだ》のことだけじゃなく、ほかのことでも相談《そうだん》にのってくれるよ。ほかの人《ひと》に聞《き》かれるのが心配《しんぱい》なときは「だれにも聞《き》かれたくないから」とあなたの気持《きも》ちを話《はな》して、手紙《てがみ》を書《か》いて読《よ》んでもらうといいよ。

生理《せいり》のなやみや体調《たいちょう》で気《き》になることがあって、もしスマホやパソコンで、インターネットが使《つか》える環境《かんきょう》なら、この本《ほん》の監修《かんしゅう》をしている保健師《ほけんし》めぐみ先生《せんせい》にメール・メッセージで相談《そうだん》することもできるよ。返事《へんじ》には時間《じかん》がかかることもあるので注意《ちゅうい》して。

●人《ひと》に言《い》えない「生理前《せいりまえ》・生理中《せいりちゅう》のつらい・しんどい」が楽《らく》になる♪
めぐみの簡単《かんたん》おうちケア
http://ameblo.jp/kenkostylist/

♥ 監修

保健師めぐみ

保健師、看護師。慈恵医科大学付属柏看護専門学校、都立公衆衛生看護学校保健学科卒業。愉氣セラピスト、養護教諭（一種）、衛生管理者の資格もある。子どもの頃からアレルギーで、思春期には生理痛に苦しみ、婦人科の病気で悩んだ過去がある。体質改善につとめ、現在は、インターネット上で思春期から更年期まで、女性の悩みに寄り添っている。

・人に言えない「生理前・生理中のつらい・しんどい」が楽になる♪めぐみの簡単おうちケア
https://ameblo.jp/kenkostylist/

♥ 協力

株式会社ワコール
ワコールお客様センター　☎0120-307-056
※掲載商品は販売が終了している場合があります。

ユニ・チャーム株式会社
ユニ・チャーム（株）お客様相談センター　☎0120-423-001
※掲載商品は販売が終了している場合があります。

♥ STAFF

編集・執筆協力　古川はる香
まんが、イラスト　成瀬 瞳
本文イラスト　よこやま ひろこ、これきよ
校正　みね工房
デザイン・DTP　有限会社Zapp!
編集制作　株式会社 童夢
編集担当　田丸智子（ナツメ出版企画）

本書に関するお問い合わせは、書名・発行日・該当ページを明記の上、下記のいずれかの方法にてお送りください。電話でのお問い合わせはお受けしておりません。
・ナツメ社webサイトの問い合わせフォーム
　https://www.natsume.co.jp/contact
・FAX（03-3291-1305）
・郵送（下記、ナツメ出版企画株式会社宛て）
なお、回答までに日にちをいただく場合があります。正誤のお問い合わせ以外の書籍内容に関する解説・個別の相談は行っておりません。あらかじめご了承ください。

12歳までに知っておきたい 女の子の心と体ノート

2018年8月3日　初版発行
2021年8月1日　第8刷発行

監修者　保健師めぐみ　　　　　　　　　　　Hokenshi-Megumi,2018

発行者　田村正隆

発行所　株式会社ナツメ社
　　　　〒101-0051東京都千代田区神田神保町1-52 ナツメ社ビル1F
　　　　電話　03（3291）1257（代表）　FAX　03（3291）5761
　　　　振替　00130-1-58661

制　作　ナツメ出版企画株式会社
　　　　〒101-0051東京都千代田区神田神保町1-52 ナツメ社ビル3F
　　　　電話　03（3295）3921（代表）

印刷所　広研印刷株式会社

ISBN978-4-8163-6505-8　　　　　　　　　　Printed in Japan

ナツメ社Webサイト
https://www.natsume.co.jp
書籍の最新情報（正誤情報を含む）は
ナツメ社Webサイトをご覧ください。